Ivan Koesjnir

Economie van Polynesië

Serie "Economie in landen"

eerst gepubliceerd: 2021
laatst bijgewerkt: 2021-02-02

Ivan Koesjnir. Economie van Polynesië. Serie "Economie in landen". - 2021. - 70 pages.

Dit boek over de economie van Polynesië van de jaren 1970 tot de jaren 2010. Brongegevens uit UN Data.

Grootte. In de jaren 2010 was het bruto binnenlands product van Polynesië gelijk aan US$7,5 miljard per jaar; de waarde van de landbouw was US$342,7 miljoen; de waarde van de industrie was US$578,7 miljoen.

Productiviteit. In de jaren 2010 bedroeg het bruto binnenlands product per hoofd van de bevolking $12.533,7, de waarde van de landbouw per hoofd $574,9, de waarde van de industrie per hoofd $970,8. Omdat de productiviteit tussen het gemiddelde en het gemiddelde boven het gemiddelde ligt, wordt de economie geclassificeerd als ontwikkeld.

Groei. In de jaren 2010 bedroeg de groei van het bruto binnenlands product 0,90%; de groei van de landbouw was -0,36%; de groei van de industrie was 0,44%.

Structuur. In de jaren 2010 omvatte de economie van Polynesië: diensten (54,5%), handel (16,5%), transport (11,2%), industrie (8,5%), landbouw (5,0%) en bouw (4,3%).

Uitvoer en invoer. In de jaren 2010 was de invoer 77,8% hoger dan de uitvoer, de netto-invoer was gelijk aan 18,1% van het BBP.

Consumptie en reproductie. De houding van reproductie ten opzichte van de consumptie is niet beter dan het mondiale gemiddelde, dus het aandeel van het BBP in de wereld zal niet toenemen.

Serie "Economie in landen": parallel.page.link/nl

ISBN: 9798701849929

Inhoud

Part I. Grootte

	de jaren 2010
BBP	US$7,5 miljard
Het aandeel in de wereld	0,0096%
Het aandeel in Oceanië	0,45%

Hoofdstuk I. Bruto binnenlands product

Het BBP van Polynesië steeg van US$814,4 miljoen per jaar in de jaren 1970 tot US$7,5 miljard per jaar in de jaren 2010, dat wil zeggen met US$6,7 miljard of 9,2 keer. De verandering vond plaats op US$5,2 miljard als gevolg van een 3,3-voudige stijging van de prijzen, en ook op US$1,0 miljard als gevolg van een 1,8-voudige toename van de productiviteit , evenals op US$418,1 miljoen als gevolg van de toename van de bevolking. De gemiddelde jaarlijkse groei van het bruto binnenlands product is 2,7%. De minimumwaarde van het BBP bedroeg US$335,0 miljoen in 1970. De maximumwaarde van het bruto binnenlands product bedroeg US$8,4 miljard in 2008.

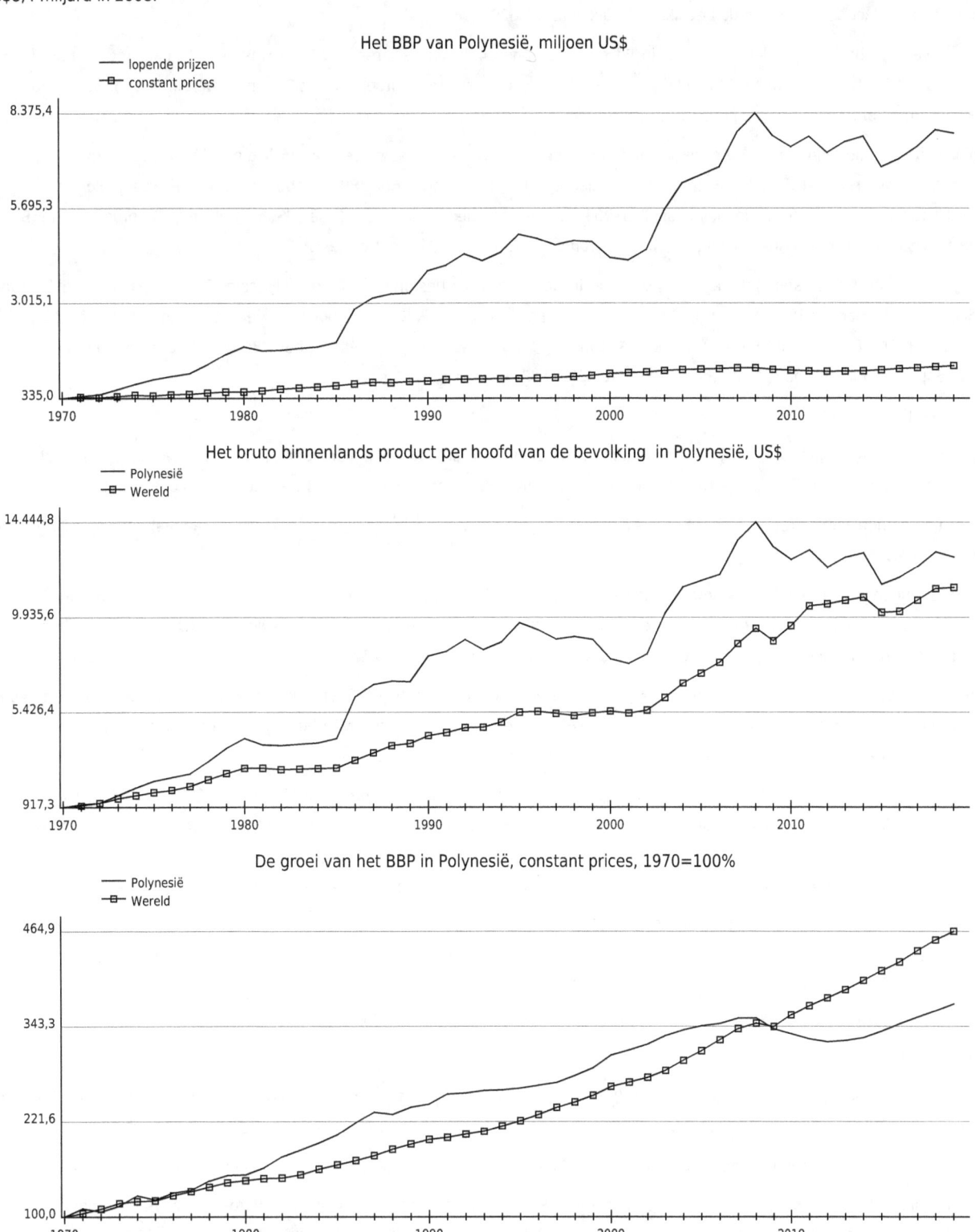

Het BBP van Polynesië, miljoen US$

Het bruto binnenlands product per hoofd van de bevolking in Polynesië, US$

De groei van het BBP in Polynesië, constant prices, 1970=100%

de jaren 1970

Het BBP van Polynesië bedroeg in de jaren 1970 US$814,4 miljoen per jaar. Het aandeel in de wereld was 0,012%, en 0,71% in Oceanië.

Het bruto binnenlands product van Polynesië bestond uit: huishoudelijke uitgaven (61,2%), kapitaalvorming (33,9%) en overheidsuitgaven (28,4%).

Het BBP per hoofd in Polynesië was $2.067,7 in de jaren 1970s. Het bruto binnenlands product per hoofd in Polynesië was 27,6% hoger dan het bruto binnenlands product per hoofd van de bevolking in de wereld ($1.620,8), en was in 2,6 keer lager dan het bruto binnenlands product per hoofd van de bevolking in Oceanië ($1.620,8).

De groei van het bruto binnenlands product in Polynesië bedroeg 4.8% in de jaren 1970, en was vergelijkbaar met Turkije (4,8%), Venezuela (4,8%). De groei van het BBP in Polynesië (4,8%) was groter dan de groei van het BBP in de wereld (4,1%), was groter dan de groei van het bruto binnenlands product in Oceanië (2,8%).

Vergelijking met subregio's. Het bruto binnenlands product van Polynesië was groter dan in Micronesië (US$152,8 miljoen); maar minder dan in Australazië (US$110,5 miljard) en in Melanesië (US$3,7 miljard). Het BBP per hoofd in Polynesië was in Polynesië groter dan in Micronesië (US$934,6) en in Melanesië (US$909,0); maar minder dan in Australazië (US$6,6 duizend). De groei van het BBP in Polynesië was groter dan in Australazië (2,8%), in Micronesië (2,6%) en in Melanesië (2,5%).

Leiders. Het bruto binnenlands product van Polynesië in de jaren 1970 bestond uit: Frans-Polynesië (83,4%), Samoa (9,5%), Tonga (4,7%), Cookeilanden (2,1%), Tuvalu (0,43%). Het BBP per hoofd in Polynesië onder de leiders: Frans-Polynesië ($5.252,7), Cookeilanden ($830,7), Tuvalu ($564,0), Samoa ($515,2) en Tonga ($430,2). De groei van het BBP onder de leiders: Frans-Polynesië (5,6%), Samoa (3,7%), Tonga (2,4%), Cookeilanden (0,32%) en Tuvalu (-1,7%).

de jaren 1980

Het bruto binnenlands product van Polynesië bedroeg in de jaren 1980 US$2,3 miljard per jaar, en was vergelijkbaar met Congo (US$2,3 miljard), Malawi (US$2,3 miljard), Albanië (US$2,4 miljard). Het aandeel in de wereld was 0,015%, en 0,90% in Oceanië.

Het bruto binnenlands product van Polynesië bestond uit: huishoudelijke uitgaven (55,0%), kapitaalvorming (34,6%) en overheidsuitgaven (26,3%).

Het bruto binnenlands product per hoofd in Polynesië was $5.111,5 in de jaren 1980s. Het bruto binnenlands product per hoofd in Polynesië was 63,7% hoger dan het bruto binnenlands product per hoofd van de bevolking in de wereld ($3.123,4), en was in 2,0 keer lager dan het bruto binnenlands product per hoofd van de bevolking in Oceanië ($3.123,4).

De groei van het bruto binnenlands product in Polynesië bedroeg 4.6% in de jaren 1980, en was vergelijkbaar met Liechtenstein (4,6%), Vietnam (4,7%). De groei van het BBP in Polynesië (4,6%) was groter dan de groei van het bruto binnenlands product in de wereld (3,0%), was groter dan de groei van het bruto binnenlands product in Oceanië (3,1%).

Vergelijking met subregio's. Het bruto binnenlands product van Polynesië was groter dan in Micronesië (US$272,4 miljoen); maar minder dan in Australazië (US$247,8 miljard) en in Melanesië (US$7,1 miljard). Het bruto binnenlands product per hoofd in Polynesië was in Polynesië groter dan in Melanesië (US$1.351,5) en in Micronesië (US$1.311,6); maar minder dan in Australazië (US$13,1 duizend). De groei van het BBP in Polynesië was groter dan in Australazië (3,1%), in Melanesië (2,3%) en in Micronesië (0,52%).

Leiders. Het bruto binnenlands product van Polynesië in de jaren 1980 bestond uit: Frans-Polynesië (89,3%), Samoa (4,5%), Tonga (4,2%), Cookeilanden (1,7%), Tuvalu (0,22%). Het BBP per hoofd in Polynesië onder de leiders: Frans-Polynesië ($11.857,4), Cookeilanden ($2.234,5), Tonga ($1.043,5), Samoa ($662,3) en Tuvalu ($610,4). De groei van het bruto binnenlands product onder de leiders: Tonga (6,1%), Frans-Polynesië (5,3%), Tuvalu (4,7%), Cookeilanden (3,6%) en Samoa (-0,32%).

de jaren 1990

Het BBP van Polynesië bedroeg in de jaren 1990 US$4,5 miljard per jaar, en was vergelijkbaar met Botswana (US$4,5 miljard), Azerbeidzjan (US$4,5 miljard). Het aandeel in de wereld was 0,016%, en 1,0% in Oceanië.

Het BBP van Polynesië bestond uit: huishoudelijke uitgaven (54,9%), overheidsuitgaven (26,6%) en kapitaalvorming (20,2%).

Het bruto binnenlands product per hoofd in Polynesië was $8.835,0 in de jaren 1990s, en was vergelijkbaar met Barbados (US$8,9 duizend), Antigua en Barbuda (US$8,7 duizend), Malta (US$9,0 duizend). Het BBP per hoofd in Polynesië was 76,0% hoger dan het bruto binnenlands product per hoofd van de bevolking in de wereld ($5.020,1), en was 42,7% lager dan het bruto binnenlands product per hoofd van de bevolking in Oceanië ($5.020,1).

De groei van het bruto binnenlands product in Polynesië bedroeg 1.9% in de jaren 1990, en was vergelijkbaar met Jamaica (1,9%), Kiribati (1,9%), Frans-Polynesië (1,9%). De groei van het BBP in Polynesië (1,9%) was minder dan de groei van het bruto binnenlands product in de wereld (2,8%), was minder dan de groei van het bruto binnenlands product in Oceanië (3,3%).

Vergelijking met subregio's. Het BBP van Polynesië was groter dan in Micronesië (US$508,4 miljoen); maar minder dan in Australazië (US$428,4 miljard) en in Melanesië (US$12,2 miljard). Het bruto binnenlands product per hoofd in Polynesië was in Polynesië groter dan in Micronesië (US$1.962,4) en in Melanesië (US$1.835,6); maar minder dan in Australazië (US$19,9 duizend). De groei van het BBP in Polynesië was groter dan in Micronesië (0,77%); maar minder dan in Melanesië (3,6%) en in Australazië (3,3%).

Leiders. Het BBP van Polynesië in de jaren 1990 bestond uit: Frans-Polynesië (89,2%), Tonga (4,4%), Samoa (4,0%), Cookeilanden (2,1%), Tuvalu (0,26%). Het bruto binnenlands product per hoofd in Polynesië onder de leiders: Frans-Polynesië ($18.501,7), Cookeilanden ($5.185,0), Tonga ($2.052,0), Tuvalu ($1.257,4) en Samoa ($1.078,3). De groei van het BBP onder de leiders: Tuvalu (4,7%), Cookeilanden (2,3%), Tonga (2,0%), Frans-Polynesië (1,9%) en Samoa (1,4%).

de jaren 2000

Het BBP van Polynesië bedroeg in de jaren 2000 US$6,3 miljard per jaar, en was vergelijkbaar met Malta (US$6,3 miljard), Congo-Brazzaville (US$6,2 miljard), Noord-Macedonië (US$6,3 miljard). Het aandeel in de wereld was 0,013%, en 0,75% in Oceanië.

Het BBP van Polynesië bestond uit: huishoudelijke uitgaven (64,5%), overheidsuitgaven (30,5%) en kapitaalvorming (22,1%).

Het bruto binnenlands product per hoofd in Polynesië was $11.085,2 in de jaren 2000s, en was vergelijkbaar met Equatoriaal-Guinea (US$11,1 duizend). Het BBP per hoofd in Polynesië was 54,5% hoger dan het bruto binnenlands product per hoofd van de bevolking in de wereld ($7.176,3), en was in 2,3 keer lager dan het bruto binnenlands product per hoofd van de bevolking in Oceanië ($7.176,3).

De groei van het bruto binnenlands product in Polynesië bedroeg 1.6% in de jaren 2000. De groei van het BBP in Polynesië (1,6%) was minder dan de groei van het BBP in de wereld (3,0%), was minder dan de groei van het BBP in Oceanië (3,0%).

Vergelijking met subregio's. Het BBP van Polynesië was groter dan in Micronesië (US$693,6 miljoen); maar minder dan in Australazië (US$808,3 miljard) en in Melanesië (US$17,1 miljard). Het BBP per hoofd in Polynesië was in Polynesië groter dan in Micronesië (US$2,5 duizend) en in Melanesië (US$2,1 duizend); maar minder dan in Australazië (US$33,3 duizend). De groei van het BBP in Polynesië was groter dan in Micronesië (0,30%); maar minder dan in Australazië (3,0%) en in Melanesië (2,5%).

Leiders. Het bruto binnenlands product van Polynesië in de jaren 2000 bestond uit: Frans-Polynesië (85,9%), Samoa (6,9%), Tonga (4,0%), Cookeilanden (2,8%), Tuvalu (0,34%). Het BBP per hoofd in Polynesië onder de leiders: Frans-Polynesië ($21.025,0), Cookeilanden ($9.443,3), Tonga ($2.478,0), Samoa ($2.423,2) en Tuvalu ($2.129,7). De groei van het BBP onder de leiders: Samoa (3,6%), Cookeilanden (3,1%), Tuvalu (2,4%), Frans-Polynesië (1,4%) en Tonga (0,18%).

de jaren 2010

Het bruto binnenlands product van Polynesië bedroeg in de jaren 2010 US$7,5 miljard per jaar, en was vergelijkbaar met Tadzjikistan (US$7,6 miljard). Het aandeel in de wereld was 0,0096%, en 0,45% in Oceanië.

Het BBP van Polynesië bestond uit: huishoudelijke uitgaven (69,6%), overheidsuitgaven (30,2%) en kapitaalvorming (18,4%).

Het bruto binnenlands product per hoofd in Polynesië was $12.533,7 in de jaren 2010s, en was vergelijkbaar met Montserrat (US$12,4 duizend), Rusland (US$12,3 duizend), Zuidwest-Azië (US$12,3 duizend). Het bruto binnenlands product per hoofd in Polynesië was 18,2% hoger dan het bruto binnenlands product per hoofd van de bevolking in de wereld ($10.603,1), en was in 3,4 keer lager dan het bruto binnenlands product per hoofd van de bevolking in Oceanië ($10.603,1).

De groei van het bruto binnenlands product in Polynesië bedroeg 0.9% in de jaren 2010. De groei van het bruto binnenlands product in Polynesië (0,90%) was minder dan de groei van het bruto binnenlands product in de wereld (3,1%), was minder dan de groei van het bruto binnenlands product in Oceanië (2,5%).

Vergelijking met subregio's. Het BBP van Polynesië was 6,9 keer groter dan in Micronesië (US$1,1 miljard); maar 215,9 keer minder dan in Australazië (US$1,6 biljoen) en 5,0 keer minder dan in Melanesië (US$37,5 miljard). Het BBP per hoofd in Polynesië was in Polynesië3,4 keer groter dan in Melanesië (US$3,7 duizend) en 3,5 keer groter dan in Micronesië (US$3,6 duizend); maar 4,5 keer minder dan in Australazië (US$57,0 duizend). De groei van het BBP in Polynesië was minder dan in Melanesië (4,6%), in Micronesië (2,8%) en in Australazië (2,4%).

Leiders. Het bruto binnenlands product van Polynesië in de jaren 2010 bestond uit: Frans-Polynesië (78,9%), Samoa (10,5%), Tonga (5,9%), Cookeilanden (4,2%), Tuvalu (0,53%). Het bruto binnenlands product per hoofd in Polynesië onder de leiders: Frans-Polynesië ($21.613,2), Cookeilanden ($17.548,9), Tonga ($4.313,8), Samoa ($4.091,7) en Tuvalu ($3.547,3). De groei van het BBP onder de leiders: Tuvalu (4,0%), Cookeilanden (3,2%), Tonga (2,3%), Samoa (1,4%) en Frans-Polynesië (0,58%).

Hoofdstuk II. Toegevoegde waarde

De toegevoegde waarde van Polynesië steeg van US$749,5 miljoen per jaar in de jaren 1970 tot US$6,8 miljard per jaar in de jaren 2010, dat wil zeggen met US$6,0 miljard of 9,1 keer. De verandering vond plaats op US$4,8 miljard als gevolg van een 3,4-voudige stijging van de prijzen, en ook op US$886,3 miljoen als gevolg van een 1,8-voudige toename van de productiviteit , evenals op US$384,8 miljoen als gevolg van de toename van de bevolking. De gemiddelde jaarlijkse groei van de toegevoegde waarde is 2,7%. De minimumwaarde van de toegevoegde waarde bedroeg US$309,5 miljoen in 1970. De maximumwaarde van de toegevoegde waarde bedroeg US$7,6 miljard in 2008.

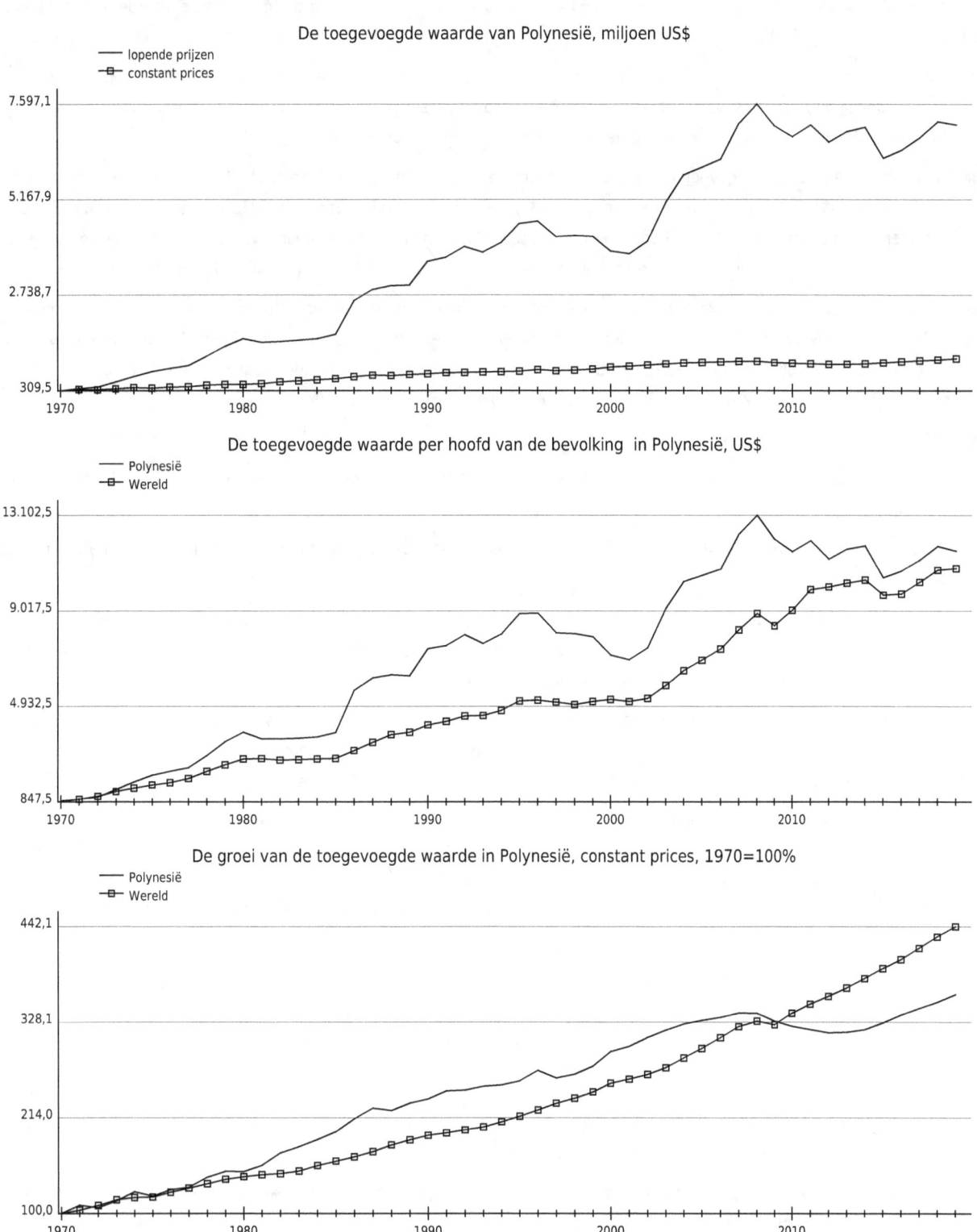

De toegevoegde waarde van Polynesië, miljoen US$

De toegevoegde waarde per hoofd van de bevolking in Polynesië, US$

De groei van de toegevoegde waarde in Polynesië, constant prices, 1970=100%

de jaren 1970

De toegevoegde waarde van Polynesië bedroeg in de jaren 1970 US$749,5 miljoen per jaar, en was vergelijkbaar met Cambodja (US$736,0 miljoen). Het aandeel in de wereld was 0,012%, en 0,69% in Oceanië.

De totale toegevoegde waarde van Polynesië bestond uit: diensten (49,6%), handel (14,9%), landbouw (10,2%), vervoer (9,2%), industrie (8,8%) en constructie (7,3%).

De toegevoegde waarde per hoofd in Polynesië was $1.902,9 in de jaren 1970s, en was vergelijkbaar met Tsjecho-Slowakije (US$1.905,1), Zuidwest-Azië (US$1.908,3). De toegevoegde waarde per hoofd in Polynesië was 21,6% hoger dan de toegevoegde waarde per hoofd van de bevolking in de wereld ($1.564,4), en was in 2,7 keer lager dan de toegevoegde waarde per hoofd van de bevolking in Oceanië ($1.564,4).

De groei van de toegevoegde waarde in Polynesië bedroeg 4.6% in de jaren 1970, en was vergelijkbaar met Jordanië (4,6%), Ierland (4,6%), El Salvador (4,6%). De groei van de toegevoegde waarde in Polynesië (4,6%) was groter dan de groei van de toegevoegde waarde in de wereld (3,9%), was groter dan de groei van de toegevoegde waarde in Oceanië (3,2%).

Vergelijking met subregio's. De toegevoegde waarde van Polynesië was groter dan in Micronesië (US$149,3 miljoen); maar minder dan in Australazië (US$103,3 miljard) en in Melanesië (US$4,1 miljard). De toegevoegde waarde per hoofd in Polynesië was in Polynesië groter dan in Melanesië (US$991,9) en in Micronesië (US$912,7); maar minder dan in Australazië (US$6,2 duizend). De groei van de toegevoegde waarde in Polynesië was groter dan in Australazië (3,2%), in Melanesië (3,1%) en in Micronesië (2,9%).

Leiders. De toegevoegde waarde van Polynesië in de jaren 1970 bestond uit: Frans-Polynesië (82,7%), Samoa (10,3%), Tonga (4,4%), Cookeilanden (2,2%), Tuvalu (0,44%). De toegevoegde waarde per hoofd in Polynesië onder de leiders: Frans-Polynesië ($4.795,1), Cookeilanden ($813,1), Tuvalu ($525,7), Samoa ($516,3) en Tonga ($369,9). De groei van de toegevoegde waarde onder de leiders: Frans-Polynesië (5,5%), Tonga (4,0%), Samoa (3,7%), Tuvalu (-1,7%) en Cookeilanden (-2,7%).

de jaren 1980

De toegevoegde waarde van Polynesië bedroeg in de jaren 1980 US$2,1 miljard per jaar. Het aandeel in de wereld was 0,014%, en 0,87% in Oceanië.

De totale toegevoegde waarde van Polynesië bestond uit: diensten (51,7%), handel (14,9%), industrie (9,5%), transport (9,3%), landbouw (7,4%) en constructie (7,1%).

De toegevoegde waarde per hoofd in Polynesië was $4.663,5 in de jaren 1980s. De toegevoegde waarde per hoofd in Polynesië was 53,9% hoger dan de toegevoegde waarde per hoofd van de bevolking in de wereld ($3.029,9), en was in 2,1 keer lager dan de toegevoegde waarde per hoofd van de bevolking in Oceanië ($3.029,9).

De groei van de toegevoegde waarde in Polynesië bedroeg 4.4% in de jaren 1980, en was vergelijkbaar met Bulgarije (4,4%), Nieuw-Caledonië (4,5%). De groei van de toegevoegde waarde in Polynesië (4,4%) was groter dan de groei van de toegevoegde waarde in de wereld (2,9%), was groter dan de groei van de toegevoegde waarde in Oceanië (3,4%).

Vergelijking met subregio's. De toegevoegde waarde van Polynesië was groter dan in Micronesië (US$271,1 miljoen); maar minder dan in Australazië (US$232,7 miljard) en in Melanesië (US$7,7 miljard). De toegevoegde waarde per hoofd in Polynesië was in Polynesië groter dan in Melanesië (US$1.457,2) en in Micronesië (US$1.305,2); maar minder dan in Australazië (US$12,4 duizend). De groei van de toegevoegde waarde in Polynesië was groter dan in Australazië (3,4%), in Melanesië (1,9%) en in Micronesië (0,26%).

Leiders. De toegevoegde waarde van Polynesië in de jaren 1980 bestond uit: Frans-Polynesië (89,3%), Samoa (5,0%), Tonga (4,0%), Cookeilanden (1,5%), Tuvalu (0,22%). De toegevoegde waarde per hoofd in Polynesië onder de leiders: Frans-Polynesië ($10.812,8), Cookeilanden ($1.815,8), Tonga ($902,5), Samoa ($663,7) en Tuvalu ($560,8). De groei van de toegevoegde waarde onder de leiders: Frans-Polynesië (5,4%), Tuvalu (4,9%), Tonga (4,2%), Cookeilanden (1,8%) en Samoa (-0,32%).

de jaren 1990

De toegevoegde waarde van Polynesië bedroeg in de jaren 1990 US$4,1 miljard per jaar, en was vergelijkbaar met Botswana (US$4,1 miljard). Het aandeel in de wereld was 0,015%, en 1,00% in Oceanië.

De totale toegevoegde waarde van Polynesië bestond uit: diensten (53,9%), handel (15,4%), transport (9,6%), industrie (9,6%), landbouw (6,9%) en constructie (4,6%).

De toegevoegde waarde per hoofd in Polynesië was $8.049,3 in de jaren 1990s, en was vergelijkbaar met Malta (US$8,0 duizend), Slovenië (US$7,9 duizend), Barbados (US$7,9 duizend). De toegevoegde waarde per hoofd in Polynesië was 67,7% hoger dan de toegevoegde waarde per hoofd van de bevolking in de wereld ($4.799,9), en was 43,5% lager dan de toegevoegde waarde per hoofd van de bevolking in Oceanië ($4.799,9).

De groei van de toegevoegde waarde in Polynesië bedroeg 1.8% in de jaren 1990, en was vergelijkbaar met Guinee-Bissau (1,8%), Japan (1,8%). De groei van de toegevoegde waarde in Polynesië (1,8%) was minder dan de groei van de toegevoegde waarde in de wereld (2,7%), was minder dan de groei van de toegevoegde waarde in Oceanië (3,3%).

Vergelijking met subregio's. De toegevoegde waarde van Polynesië was groter dan in Micronesië (US$501,3 miljoen); maar minder dan in Australazië (US$394,8 miljard) en in Melanesië (US$12,3 miljard). De toegevoegde waarde per hoofd in Polynesië was in Polynesië groter dan in Micronesië (US$1.934,8) en in Melanesië (US$1.857,0); maar minder dan in Australazië (US$18,3 duizend). De groei van de toegevoegde waarde in Polynesië was groter dan in Micronesië (0,47%); maar minder dan in Melanesië (3,3%) en in Australazië (3,3%).

Leiders. De toegevoegde waarde van Polynesië in de jaren 1990 bestond uit: Frans-Polynesië (89,1%), Samoa (4,5%), Tonga (4,1%), Cookeilanden (2,0%), Tuvalu (0,26%). De toegevoegde waarde per hoofd in Polynesië onder de leiders: Frans-Polynesië ($16.841,4), Cookeilanden ($4.491,1), Tonga ($1.765,0), Tuvalu ($1.155,3) en Samoa ($1.086,3). De groei van de toegevoegde waarde onder de leiders: Tuvalu (4,5%), Cookeilanden (3,7%), Tonga (2,4%), Frans-Polynesië (1,7%) en Samoa (1,5%).

de jaren 2000

De toegevoegde waarde van Polynesië bedroeg in de jaren 2000 US$5,7 miljard per jaar, en was vergelijkbaar met Mali (US$5,7 miljard), Nieuw-Caledonië (US$5,6 miljard), Tsjaad (US$5,7 miljard). Het aandeel in de wereld was 0,013%, en 0,74% in Oceanië.

De totale toegevoegde waarde van Polynesië bestond uit: diensten (54,8%), handel (16,7%), transport (10,0%), industrie (8,7%), constructie (5,0%) en landbouw (4,8%).

De toegevoegde waarde per hoofd in Polynesië was $10.021,9 in de jaren 2000s. De toegevoegde waarde per hoofd in Polynesië was 47,0% hoger dan de toegevoegde waarde per hoofd van de bevolking in de wereld ($6.818,0), en was in 2,3 keer lager dan de toegevoegde waarde per hoofd van de bevolking in Oceanië ($6.818,0).

De groei van de toegevoegde waarde in Polynesië bedroeg 1.8% in de jaren 2000, en was vergelijkbaar met Uruguay (1,8%). De groei van de toegevoegde waarde in Polynesië (1,8%) was minder dan de groei van de toegevoegde waarde in de wereld (2,9%), was minder dan de groei van de toegevoegde waarde in Oceanië (3,0%).

Vergelijking met subregio's. De toegevoegde waarde van Polynesië was groter dan in Micronesië (US$656,9 miljoen); maar minder dan in Australazië (US$746,3 miljard) en in Melanesië (US$16,1 miljard). De toegevoegde waarde per hoofd in Polynesië was in Polynesië groter dan in Micronesië (US$2,3 duizend) en in Melanesië (US$1.963,3); maar minder dan in Australazië (US$30,7 duizend). De groei van de toegevoegde waarde in Polynesië was groter dan in Micronesië (0,61%); maar minder dan in Australazië (3,0%) en in Melanesië (2,1%).

Leiders. De toegevoegde waarde van Polynesië in de jaren 2000 bestond uit: Frans-Polynesië (85,5%), Samoa (7,7%), Tonga (3,8%), Cookeilanden (2,7%), Tuvalu (0,35%). De toegevoegde waarde per hoofd in Polynesië onder de leiders: Frans-Polynesië ($18.908,6), Cookeilanden ($8.300,3), Samoa ($2.421,5), Tonga ($2.118,7) en Tuvalu ($2.006,0). De groei van de toegevoegde waarde onder de leiders: Cookeilanden (4,0%), Samoa (3,2%), Tuvalu (3,0%), Frans-Polynesië (1,6%) en Tonga (0,034%).

de jaren 2010

De toegevoegde waarde van Polynesië bedroeg in de jaren 2010 US$6,8 miljard per jaar, en was vergelijkbaar met Tadzjikistan (US$6,8 miljard). Het aandeel in de wereld was 0,0092%, en 0,44% in Oceanië.

De totale toegevoegde waarde van Polynesië bestond uit: diensten (54,5%), handel (16,5%), transport (11,2%), industrie (8,5%), landbouw (5,0%) en bouw (4,3%).

De toegevoegde waarde per hoofd in Polynesië was $11.395,6 in de jaren 2010s, en was vergelijkbaar met Kroatië (US$11,3 duizend), Montserrat (US$11,1 duizend). De toegevoegde waarde per hoofd in Polynesië was 12,9% hoger dan de toegevoegde waarde per hoofd van de bevolking in de wereld ($10.094,6), en was in 3,5 keer lager dan de toegevoegde waarde per hoofd van de bevolking in Oceanië ($10.094,6).

De groei van de toegevoegde waarde in Polynesië bedroeg 0.9% in de jaren 2010. De groei van de toegevoegde waarde in Polynesië (0,93%) was minder dan de groei van de toegevoegde waarde in de wereld (3,1%), was minder dan de groei van de toegevoegde waarde in Oceanië (2,5%).

Vergelijking met subregio's. De toegevoegde waarde van Polynesië was 6,6 keer groter dan in Micronesië (US$1,0 miljard); maar 221,3 keer minder dan in Australazië (US$1,5 biljoen) en 5,2 keer minder dan in Melanesië (US$35,0 miljard). De toegevoegde waarde per hoofd in Polynesië was in Polynesië3,3 keer groter dan in Melanesië (US$3,5 duizend) en 3,3 keer groter dan in Micronesië (US$3,4 duizend); maar 4,7 keer minder dan in Australazië (US$53,1 duizend). De groei van de toegevoegde waarde in Polynesië was minder dan in Melanesië (4,7%), in Micronesië (3,0%) en in Australazië (2,5%).

Leiders. De toegevoegde waarde van Polynesië in de jaren 2010 bestond uit: Frans-Polynesië (78,2%), Samoa (11,6%), Tonga (5,6%), Cookeilanden (4,1%), Tuvalu (0,56%). De toegevoegde waarde per hoofd in Polynesië onder de leiders: Frans-Polynesië ($19.483,7), Cookeilanden ($15.671,9), Samoa ($4.091,7), Tonga ($3.697,8) en Tuvalu ($3.414,5). De groei van de toegevoegde waarde onder de leiders: Tuvalu (4,0%), Cookeilanden (2,9%), Tonga (1,9%), Samoa (1,4%) en Frans-Polynesië (0,65%).

Hoofdstuk III. Bruto nationaal inkomen

Het BNI van Polynesië steeg van US$828,3 miljoen per jaar in de jaren 1970 tot US$7,5 miljard per jaar in de jaren 2010, dat wil zeggen met US$6,7 miljard of 9,0 keer. De verandering vond plaats op US$5,2 miljard als gevolg van een 3,3-voudige stijging van de prijzen, en ook op US$987,2 miljoen als gevolg van een 1,8-voudige toename van de productiviteit , evenals op US$425,2 miljoen als gevolg van de toename van de bevolking. De gemiddelde jaarlijkse groei van het BNI is 2,7%. De minimumwaarde van het bruto nationaal inkomen bedroeg US$342,9 miljoen in 1970. De maximumwaarde van het BNI bedroeg US$8,4 miljard in 2008.

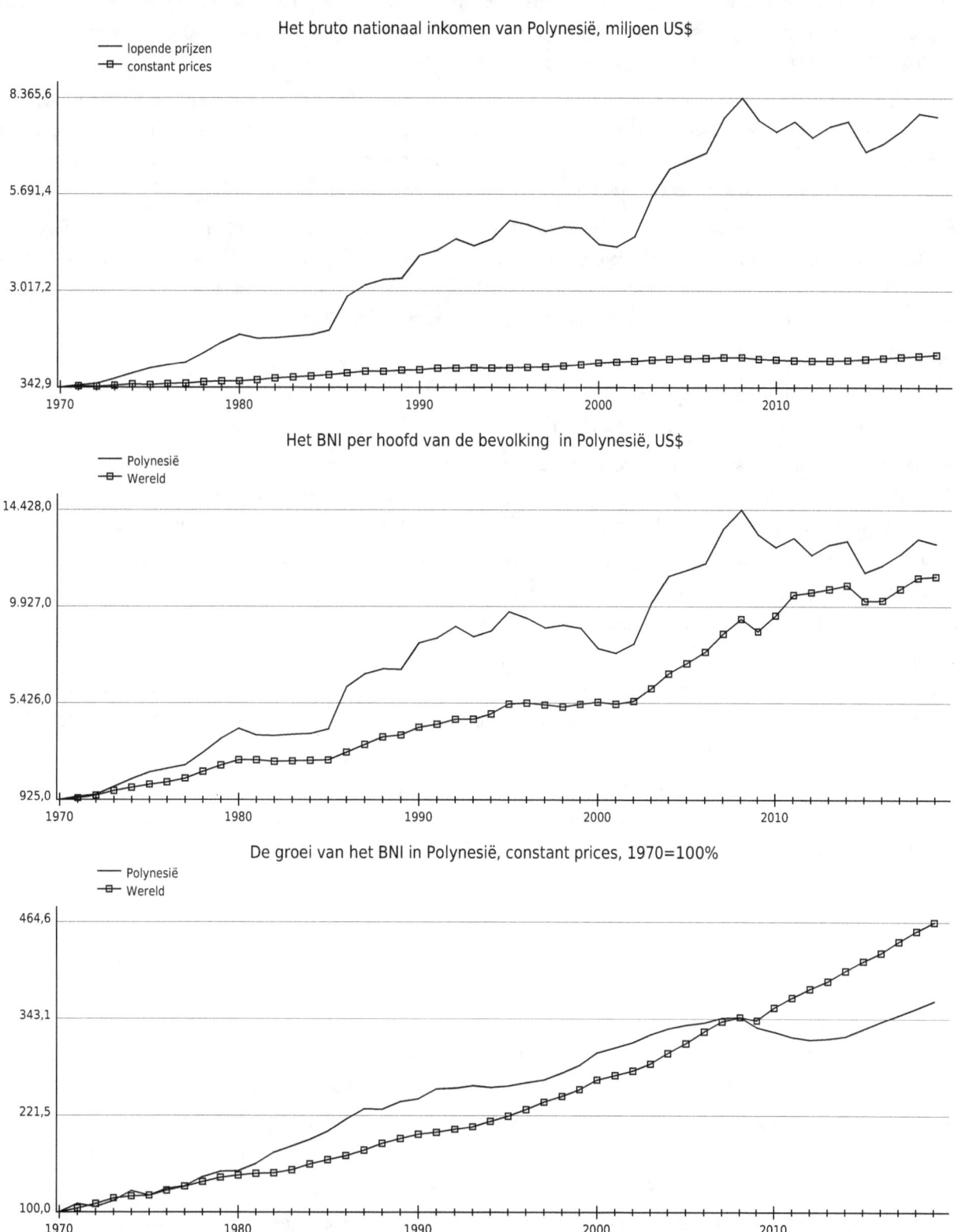

Het bruto nationaal inkomen van Polynesië, miljoen US$

Het BNI per hoofd van de bevolking in Polynesië, US$

De groei van het BNI in Polynesië, constant prices, 1970=100%

de jaren 1970

Het BNI van Polynesië bedroeg in de jaren 1970 US$828,3 miljoen per jaar. Het aandeel in de wereld was 0,013%, en 0,73% in Oceanië.

Het bruto nationaal inkomen per hoofd in Polynesië was $2.102,9 in de jaren 1970s, en was vergelijkbaar met Trinidad en Tobago (US$2,1 duizend). Het bruto nationaal inkomen per hoofd in Polynesië was 29,5% hoger dan het bruto nationaal inkomen per hoofd van de bevolking in de wereld ($1.624,3), en was in 2,5 keer lager dan het bruto nationaal inkomen per hoofd van de bevolking in Oceanië ($1.624,3).

De groei van het BNI in Polynesië bedroeg 4.7% in de jaren 1970, en was vergelijkbaar met Afrika (4,7%), El Salvador (4,7%), Vietnam (4,7%). De groei van het BNI in Polynesië (4,7%) was groter dan de groei van het BNI in de wereld (4,1%), was groter dan de groei van het BNI in Oceanië (2,8%).

Vergelijking met subregio's. Het BNI van Polynesië was groter dan in Micronesië (US$163,4 miljoen); maar minder dan in Australazië (US$109,5 miljard) en in Melanesië (US$3,4 miljard). Het bruto nationaal inkomen per hoofd in Polynesië was in Polynesië groter dan in Micronesië (US$998,9) en in Melanesië (US$823,7); maar minder dan in Australazië (US$6,6 duizend). De groei van het bruto nationaal inkomen in Polynesië was groter dan in Micronesië (2,8%), in Australazië (2,8%) en in Melanesië (2,4%).

Leiders. Het BNI van Polynesië in de jaren 1970 bestond uit: Frans-Polynesië (82,0%), Samoa (10,6%), Tonga (4,7%), Cookeilanden (2,0%), Tuvalu (0,79%). Het bruto nationaal inkomen per hoofd in Polynesië onder de leiders: Frans-Polynesië ($5.252,7), Tuvalu ($1.045,9), Cookeilanden ($830,7), Samoa ($582,7) en Tonga ($438,6). De groei van het bruto nationaal inkomen onder de leiders: Frans-Polynesië (5,6%), Samoa (3,7%), Tonga (2,5%), Cookeilanden (0,32%) en Tuvalu (-1,7%).

de jaren 1980

Het bruto nationaal inkomen van Polynesië bedroeg in de jaren 1980 US$2,3 miljard per jaar, en was vergelijkbaar met Albanië (US$2,4 miljard). Het aandeel in de wereld was 0,016%, en 0,93% in Oceanië.

Het BNI per hoofd in Polynesië was $5.171,3 in de jaren 1980s, en was vergelijkbaar met Gabon (US$5.2 duizend), Trinidad en Tobago (US$5,2 duizend). Het BNI per hoofd in Polynesië was 65,9% hoger dan het bruto nationaal inkomen per hoofd van de bevolking in de wereld ($3.117,1), en was 49,0% lager dan het bruto nationaal inkomen per hoofd van de bevolking in Oceanië ($3.117,1).

De groei van het BNI in Polynesië bedroeg 4.7% in de jaren 1980, en was vergelijkbaar met Liechtenstein (4,6%), Vietnam (4,7%), Zimbabwe (4,7%). De groei van het bruto nationaal inkomen in Polynesië (4,7%) was groter dan de groei van het bruto nationaal inkomen in de wereld (3,0%), was groter dan de groei van het BNI in Oceanië (2,9%).

Vergelijking met subregio's. Het BNI van Polynesië was groter dan in Micronesië (US$292,5 miljoen); maar minder dan in Australazië (US$242,2 miljard) en in Melanesië (US$6,4 miljard). Het BNI per hoofd in Polynesië was in Polynesië groter dan in Micronesië (US$1.408,0) en in Melanesië (US$1.214,1); maar minder dan in Australazië (US$12,9 duizend). De groei van het BNI in Polynesië was groter dan in Australazië (2,9%), in Melanesië (2,3%) en in Micronesië (0,61%).

Leiders. Het BNI van Polynesië in de jaren 1980 bestond uit: Frans-Polynesië (88,3%), Samoa (5,3%), Tonga (4,4%), Cookeilanden (1,7%), Tuvalu (0,40%). Het BNI per hoofd in Polynesië onder de leiders: Frans-Polynesië ($11.857,4), Cookeilanden ($2.234,5), Tuvalu ($1.132,0), Tonga ($1.096,1) en Samoa ($774,7). De groei van het BNI onder de leiders: Tonga (6,1%), Frans-Polynesië (5,3%), Tuvalu (4,7%), Cookeilanden (3,6%) en Samoa (1,8%).

de jaren 1990

Het bruto nationaal inkomen van Polynesië bedroeg in de jaren 1990 US$4,5 miljard per jaar, en was vergelijkbaar met Azerbeidzjan (US$4,6 miljard), Guinee (US$4,6 miljard), Honduras (US$4,4 miljard). Het aandeel in de wereld was 0,016%, en 1,1% in Oceanië.

Het BNI per hoofd in Polynesië was $8.901,5 in de jaren 1990s, en was vergelijkbaar met Slovenië (US$9,1 duizend). Het bruto nationaal inkomen per hoofd in Polynesië was 78,3% hoger dan het bruto nationaal inkomen per hoofd van de bevolking in de wereld ($4.991,4), en was 40,1% lager dan het bruto nationaal inkomen per hoofd van de bevolking in Oceanië ($4.991,4).

De groei van het BNI in Polynesië bedroeg 1.8% in de jaren 1990, en was vergelijkbaar met de Centraal-Afrikaanse Republiek (1,8%). De groei van het bruto nationaal inkomen in Polynesië (1,8%) was minder dan de groei van het bruto nationaal inkomen in de wereld (2,8%), was minder dan de groei van het bruto nationaal inkomen in Oceanië (3,3%).

Vergelijking met subregio's. Het bruto nationaal inkomen van Polynesië was groter dan in Micronesië (US$540,0 miljoen); maar minder dan in Australazië (US$412,9 miljard) en in Melanesië (US$11,8 miljard). Het BNI per hoofd in Polynesië was in Polynesië groter dan in Micronesië (US$2,1 duizend) en in Melanesië (US$1.785,6); maar minder dan in Australazië (US$19,2 duizend). De groei van het BNI in Polynesië was groter dan in Micronesië (0,48%); maar minder dan in Melanesië (4,6%) en in Australazië (3,3%).

Leiders. Het bruto nationaal inkomen van Polynesië in de jaren 1990 bestond uit: Frans-Polynesië (88,5%), Tonga (4,4%), Samoa (4,4%), Cookeilanden (2,1%), Tuvalu (0,47%). Het BNI per hoofd in Polynesië onder de leiders: Frans-Polynesië ($18.501,7), Cookeilanden ($5.185,0), Tuvalu ($2.329,1), Tonga ($2.101,9) en Samoa ($1.192,1). De groei van het BNI onder de leiders: Tuvalu (4,5%), Cookeilanden (2,3%), Frans-Polynesië (1,9%), Tonga (1,9%) en Samoa (-1,9%).

de jaren 2000

Het BNI van Polynesië bedroeg in de jaren 2000 US$6,2 miljard per jaar, en was vergelijkbaar met Noord-Macedonië (US$6,2 miljard), Nicaragua (US$6,2 miljard), Namibië (US$6,3 miljard). Het aandeel in de wereld was 0,013%, en 0,78% in Oceanië.

Het bruto nationaal inkomen per hoofd in Polynesië was $11.073,9 in de jaren 2000s, en was vergelijkbaar met Trinidad en Tobago (US$11,1 duizend). Het BNI per hoofd in Polynesië was 54,6% hoger dan het bruto nationaal inkomen per hoofd van de bevolking in de wereld ($7.165,2), en was in 2,2 keer lager dan het bruto nationaal inkomen per hoofd van de bevolking in Oceanië ($7.165,2).

De groei van het BNI in Polynesië bedroeg 1.6% in de jaren 2000, en was vergelijkbaar met Papoea-Nieuw-Guinea (1,6%). De groei van het BNI in Polynesië (1,6%) was minder dan de groei van het BNI in de wereld (3,0%), was minder dan de groei van het bruto nationaal inkomen in Oceanië (2,9%).

Vergelijking met subregio's. Het bruto nationaal inkomen van Polynesië was groter dan in Micronesië (US$780,9 miljoen); maar minder dan in Australazië (US$776,6 miljard) en in Melanesië (US$16,7 miljard). Het bruto nationaal inkomen per hoofd in Polynesië was in Polynesië groter dan in Micronesië (US$2,8 duizend) en in Melanesië (US$2,0 duizend); maar minder dan in Australazië (US$32,0 duizend). De groei van het BNI in Polynesië was groter dan in Micronesië (1,2%); maar minder dan in Australazië (3,0%) en in Melanesië (2,1%).

Leiders. Het bruto nationaal inkomen van Polynesië in de jaren 2000 bestond uit: Frans-Polynesië (86,0%), Samoa (6,6%), Tonga (4,1%), Cookeilanden (2,8%), Tuvalu (0,56%). Het BNI per hoofd in Polynesië onder de leiders: Frans-Polynesië ($21.025,0), Cookeilanden ($9.443,3), Tuvalu ($3.553,3), Tonga ($2.512,4) en Samoa ($2.289,7). De groei van het BNI onder de leiders: Samoa (3,2%), Cookeilanden (3,1%), Frans-Polynesië (1,4%), Tuvalu (0,97%) en Tonga (0,17%).

de jaren 2010

Het bruto nationaal inkomen van Polynesië bedroeg in de jaren 2010 US$7,5 miljard per jaar. Het aandeel in de wereld was 0,0096%, en 0,46% in Oceanië.

Het BNI per hoofd in Polynesië was $12.563,6 in de jaren 2010s, en was vergelijkbaar met Argentinië (US$12,6 duizend). Het BNI per hoofd in Polynesië was 18,4% hoger dan het bruto nationaal inkomen per hoofd van de bevolking in de wereld ($10.611,7), en was in 3,3 keer lager dan het bruto nationaal inkomen per hoofd van de bevolking in Oceanië ($10.611,7).

De groei van het BNI in Polynesië bedroeg 1% in de jaren 2010. De groei van het BNI in Polynesië (0,96%) was minder dan de groei van het BNI in de wereld (3,1%), was minder dan de groei van het BNI in Oceanië (2,7%).

Vergelijking met subregio's. Het bruto nationaal inkomen van Polynesië was 5,7 keer groter dan in Micronesië (US$1,3 miljard); maar 209,2 keer minder dan in Australazië (US$1,6 biljoen) en 4,8 keer minder dan in Melanesië (US$36,3 miljard). Het bruto nationaal inkomen per hoofd in Polynesië was in Polynesië2,9 keer groter dan in Micronesië (US$4,4 duizend) en 3,5 keer groter dan in Melanesië (US$3,6 duizend); maar 4,4 keer minder dan in Australazië (US$55,3 duizend). De groei van het BNI in Polynesië was minder dan in Melanesië (4,8%), in Micronesië (3,6%) en in Australazië (2,6%).

Leiders. Het BNI van Polynesië in de jaren 2010 bestond uit: Frans-Polynesië (78,7%), Samoa (10,2%), Tonga (6,1%), Cookeilanden (4,2%), Tuvalu (0,89%). Het BNI per hoofd in Polynesië onder de leiders: Frans-Polynesië ($21.613,2), Cookeilanden ($17.548,9), Tuvalu ($6.045,7), Tonga ($4.458,0) en Samoa ($3.963,8). De groei van het bruto nationaal inkomen onder de leiders: Tuvalu (4,7%), Cookeilanden (3,2%), Tonga (2,7%), Samoa (1,5%) en Frans-Polynesië (0,58%).

Part II. Structuur

	de jaren 2010
landbouw	5,0%
industrie	8,5%
constructie	4,3%
handel	16,5%
vervoer	11,2%
diensten	54,5%

Hoofdstuk IV. Landbouw

Landbouw, jacht, bosbouw, vissen (ISIC A-B)

De sector van de landbouw in Polynesië steeg van US$76,7 miljoen per jaar in de jaren 1970 tot US$342,7 miljoen per jaar in de jaren 2010, dat wil zeggen met US$266,0 miljoen of 4,5 keer. De verandering vond plaats op US$251,1 miljoen als gevolg van een 3,7-voudige stijging van de prijzen, en ook op -US$24,5 miljoen als gevolg van een 1,3-voudige afname van de productiviteit , evenals op US$39,4 miljoen als gevolg van de toename van de bevolking. De gemiddelde jaarlijkse groei van de landbouw is 0,36%. De minimumwaarde van de landbouw bedroeg US$41,1 miljoen in 1971. De maximumwaarde van de landbouw bedroeg US$397,7 miljoen in 2019.

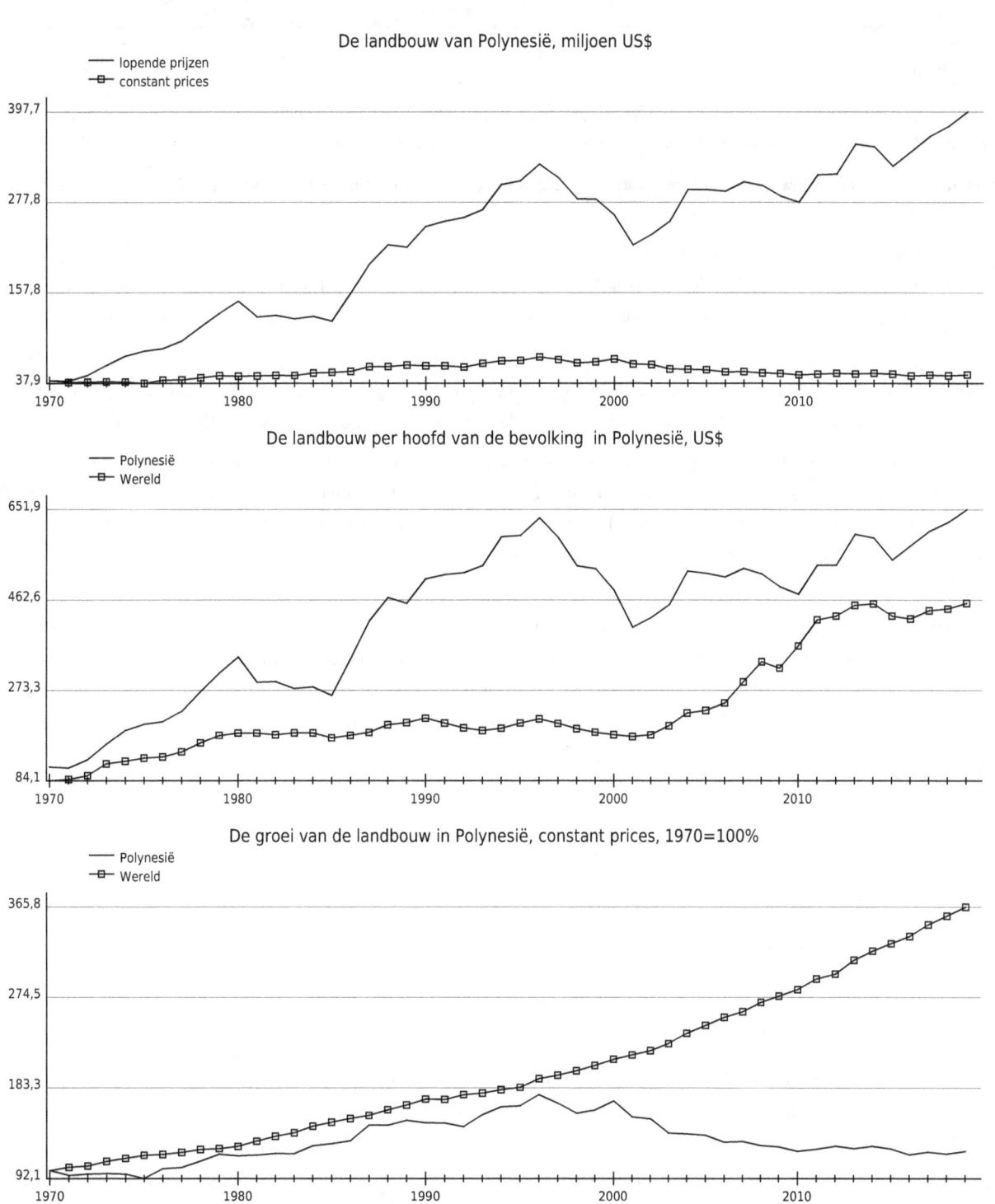

De landbouw van Polynesië, miljoen US$

De landbouw per hoofd van de bevolking in Polynesië, US$

De groei van de landbouw in Polynesië, constant prices, 1970=100%

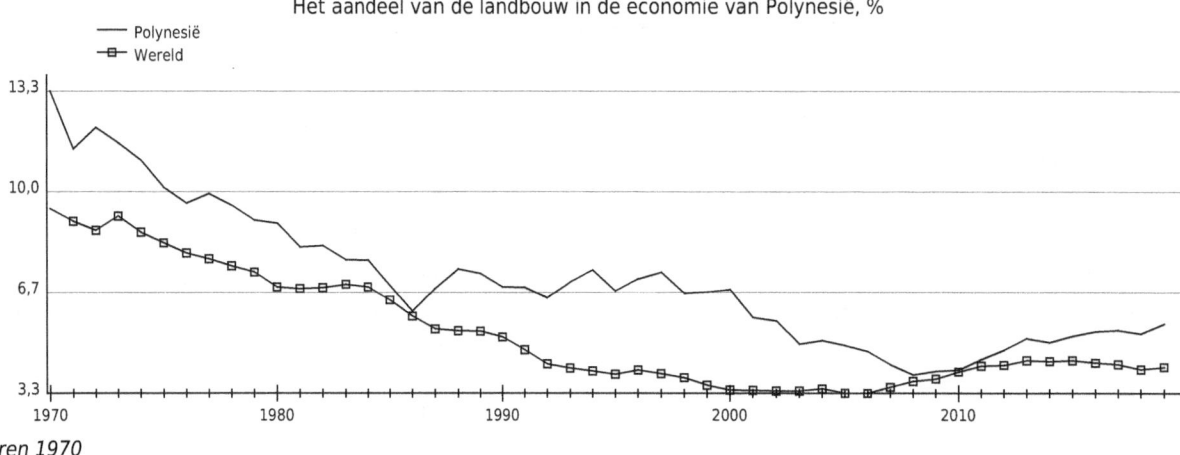

Het aandeel van de landbouw in de economie van Polynesië, %

de jaren 1970

De toegevoegde waarde van de landbouw in Polynesië bedroeg in de jaren 1970 US$76,7 miljoen per jaar, en was vergelijkbaar met Swaziland (US$75,0 miljoen). Het aandeel in de wereld was 0,015%, en 0,95% in Oceanië.

Het aandeel van de landbouw in de economie van Polynesië was 10,2% in de jaren 1970, en was vergelijkbaar met Cuba (10,2%), Finland (10,1%).

De toegevoegde waarde van de landbouw per hoofd in Polynesië was $194,6 in de jaren 1970s, en was vergelijkbaar met de Verenigde Staten (US$195,0), België (US$193,4), Polen (US$196,5). De waarde van de landbouw per hoofd in Polynesië was 52,5% hoger dan de landbouw per hoofd van de bevolking in de wereld ($127,6), en was 48,4% lager dan de landbouw per hoofd van de bevolking in Oceanië ($127,6).

De groei van de landbouw in Polynesië bedroeg 1.7% in de jaren 1970. De groei van de landbouw in Polynesië (1,7%) was minder dan de groei van de landbouw in de wereld (2,2%), was minder dan de groei van de landbouw in Oceanië (2,4%).

Vergelijking met subregio's. De toegevoegde waarde van de landbouw in Polynesië was groter dan in Micronesië (US$23,4 miljoen); maar minder dan in Australazië (US$7,3 miljard) en in Melanesië (US$685,6 miljoen). De sector van de landbouw per hoofd in Polynesië was in Polynesië groter dan in Melanesië (US$167,3) en in Micronesië (US$142,9); maar minder dan in Australazië (US$435,8). De groei van de landbouw in Polynesië was minder dan in Micronesië (5,8%), in Melanesië (3,0%) en in Australazië (2,3%).

Leiders. De waarde van de landbouw in Polynesië in de jaren 1970 bestond uit: Frans-Polynesië (50,9%), Samoa (24,9%), Tonga (19,3%), Cookeilanden (4,1%), Tuvalu (0,67%). Het aandeel van de landbouw in economie van de leiders: Tonga (45,4%), Samoa (24,7%), Cookeilanden (19,3%), Tuvalu (15,6%) en Frans-Polynesië (6,3%). De landbouw per hoofd in Polynesië onder de leiders: Frans-Polynesië ($302,1), Tonga ($167,9), Cookeilanden ($157,2), Samoa ($127,4) en Tuvalu ($82,1). De groei van de landbouw onder de leiders: Samoa (3,7%), Frans-Polynesië (1,7%), Tonga (0,81%), Tuvalu (-1,5%) en Cookeilanden (-7,2%).

de jaren 1980

De sector van de landbouw in Polynesië bedroeg in de jaren 1980 US$156,3 miljoen per jaar. Het aandeel in de wereld was 0,017%, en 1,2% in Oceanië.

Het aandeel van de landbouw in de economie van Polynesië was 7,4% in de jaren 1980, en was vergelijkbaar met Finland (7,3%).

De toegevoegde waarde van de landbouw per hoofd in Polynesië was $344,6 in de jaren 1980s, en was vergelijkbaar met Ecuador (US$344,6), Gambia (US$343,1), Noord-Europa (US$346,5). De landbouw per hoofd in Polynesië was 84,6% hoger dan de landbouw per hoofd van de bevolking in de wereld ($186,6), en was 36,9% lager dan de landbouw per hoofd van de bevolking in Oceanië ($186,6).

De groei van de landbouw in Polynesië bedroeg 2.6% in de jaren 1980, en was vergelijkbaar met IJsland (2,6%), Amerika (2,6%), België (2,6%). De groei van de landbouw in Polynesië (2,6%) was minder dan de groei van de landbouw in de wereld (3,1%), was groter dan de groei van de landbouw in Oceanië (2,0%).

Vergelijking met subregio's. De sector van de landbouw in Polynesië was groter dan in Micronesië (US$55,3 miljoen); maar minder dan in Australazië (US$12,1 miljard) en in Melanesië (US$1,2 miljard). De waarde van de landbouw per hoofd in Polynesië was in Polynesië groter dan in Micronesië (US$266,5) en in Melanesië (US$236,5); maar minder dan in Australazië (US$640,5). De groei van de landbouw in Polynesië was groter dan in Australazië (2,0%), in Melanesië (2,0%) en in Micronesië (1,9%).

Leiders. De landbouw van Polynesië in de jaren 1980 bestond uit: Frans-Polynesië (60,9%), Tonga (20,6%), Samoa (16,7%), Cookeilanden (1,3%), Tuvalu (0,52%). Het aandeel van de landbouw in economie van de leiders: Tonga (38,0%), Samoa (24,7%), Tuvalu (17,6%), Cookeilanden (6,3%) en Frans-Polynesië (5,0%). De landbouw per hoofd in Polynesië onder de leiders: Frans-Polynesië ($545,1), Tonga ($342,6), Samoa ($163,8), Cookeilanden ($114,2) en Tuvalu ($98,7). De groei van de landbouw onder de leiders: Tuvalu (8,8%), Tonga (8,3%), Frans-Polynesië (3,8%), Samoa (-0,31%) en Cookeilanden (-5,8%).

de jaren 1990

De landbouw van Polynesië bedroeg in de jaren 1990 US$283,4 miljoen per jaar, en was vergelijkbaar met Guinee-Bissau (US$286,1 miljoen), Guyana (US$280,5 miljoen), Fiji (US$288,7 miljoen). Het aandeel in de wereld was 0,025%, en 1,6% in Oceanië.

Het aandeel van de landbouw in de economie van Polynesië was 6,9% in de jaren 1990, en was vergelijkbaar met Azië (6,9%), Nieuw-Zeeland (6,9%), Zuid-Amerika (6,9%).

De waarde van de landbouw per hoofd in Polynesië was $556,0 in de jaren 1990s, en was vergelijkbaar met Suriname (US$555,1). De toegevoegde waarde van de landbouw per hoofd in Polynesië was in 2,8 keer hoger dan de landbouw per hoofd van de bevolking in de wereld ($199,8), en was 8,7% lager dan de landbouw per hoofd van de bevolking in Oceanië ($199,8).

De groei van de landbouw in Polynesië bedroeg 0.7% in de jaren 1990, en was vergelijkbaar met Kameroen (0,66%). De groei van de landbouw in Polynesië (0,66%) was minder dan de groei van de landbouw in de wereld (2,2%), was minder dan de groei van de landbouw in Oceanië (3,7%).

Vergelijking met subregio's. De landbouw van Polynesië was groter dan in Micronesië (US$86,8 miljoen); maar minder dan in Australazië (US$15,4 miljard) en in Melanesië (US$1,9 miljard). De landbouw per hoofd in Polynesië was in Polynesië groter dan in Micronesië (US$335,0) en in Melanesië (US$281,0); maar minder dan in Australazië (US$714,2). De groei van de landbouw in Polynesië was groter dan in Micronesië (0,37%); maar minder dan in Melanesië (4,0%) en in Australazië (3,7%).

Leiders. De waarde van de landbouw in Polynesië in de jaren 1990 bestond uit: Frans-Polynesië (65,0%), Tonga (17,4%), Samoa (14,9%), Cookeilanden (1,8%), Tuvalu (0,88%). Het aandeel van de landbouw in economie van de leiders: Tonga (29,1%), Tuvalu (23,3%), Samoa (23,0%), Cookeilanden (6,2%) en Frans-Polynesië (5,0%). De sector van de landbouw per hoofd in Polynesië onder de leiders: Frans-Polynesië ($849,1), Tonga ($512,9), Cookeilanden ($278,7), Tuvalu ($269,6) en Samoa ($250,0). De groei van de landbouw onder de leiders: Cookeilanden (6,7%), Tonga (1,5%), Tuvalu (1,2%), Frans-Polynesië (1,2%) en Samoa (-1,4%).

de jaren 2000

De waarde van de landbouw in Polynesië bedroeg in de jaren 2000 US$274,2 miljoen per jaar. Het aandeel in de wereld was 0,018%, en 1,0% in Oceanië.

Het aandeel van de landbouw in de economie van Polynesië was 4,8% in de jaren 2000.

De toegevoegde waarde van de landbouw per hoofd in Polynesië was $486,1 in de jaren 2000s. De sector van de landbouw per hoofd in Polynesië was in 2,0 keer hoger dan de landbouw per hoofd van de bevolking in de wereld ($240,3), en was 39,7% lager dan de landbouw per hoofd van de bevolking in Oceanië ($240,3).

De groei van de landbouw in Polynesië bedroeg -2.6% in de jaren 2000, en was vergelijkbaar met Irak (-2,6%), Frans-Polynesië (-2,6%). De groei van de landbouw in Polynesië (-2,6%) was minder dan de groei van de landbouw in de wereld (3,0%), was minder dan de groei van de landbouw in Oceanië (1,5%).

Vergelijking met subregio's. De toegevoegde waarde van de landbouw in Polynesië was groter dan in Micronesië (US$105,4 miljoen); maar minder dan in Australazië (US$24,2 miljard) en in Melanesië (US$2,2 miljard). De toegevoegde waarde van de landbouw per hoofd in Polynesië was in Polynesië groter dan in Micronesië (US$374,6) en in Melanesië (US$273,0); maar minder dan in Australazië (US$998,8). De groei van de landbouw in Polynesië was minder dan in Australazië (1,6%), in Melanesië (1,4%) en in Micronesië (1,1%).

Leiders. De waarde van de landbouw in Polynesië in de jaren 2000 bestond uit: Frans-Polynesië (59,2%), Samoa (20,9%), Tonga

(15,7%), Cookeilanden (2,5%), Tuvalu (1,6%). Het aandeel van de landbouw in economie van de leiders: Tuvalu (22,5%), Tonga (20,2%), Samoa (13,2%), Cookeilanden (4,5%) en Frans-Polynesië (3,4%). De sector van de landbouw per hoofd in Polynesië onder de leiders: Frans-Polynesië ($635,5), Tuvalu ($451,4), Tonga ($427,8), Cookeilanden ($372,7) en Samoa ($319,5). De groei van de landbouw onder de leiders: Tuvalu (1,1%), Tonga (-2,1%), Frans-Polynesië (-2,6%), Samoa (-3,0%) en Cookeilanden (-4,2%).

de jaren 2010

De waarde van de landbouw in Polynesië bedroeg in de jaren 2010 US$342,7 miljoen per jaar, en was vergelijkbaar met Montenegro (US$343,1 miljoen), Botswana (US$348,8 miljoen). Het aandeel in de wereld was 0,011%, en 0,70% in Oceanië.

Het aandeel van de landbouw in de economie van Polynesië was 5,0% in de jaren 2010.

De toegevoegde waarde van de landbouw per hoofd in Polynesië was $574,9 in de jaren 2010s, en was vergelijkbaar met de Verenigde Staten (US$564,3), Cyprus (US$563,8), Micronesië (US$587,6). De waarde van de landbouw per hoofd in Polynesië was 33,0% hoger dan de landbouw per hoofd van de bevolking in de wereld ($432,1), en was in 2,2 keer lager dan de landbouw per hoofd van de bevolking in Oceanië ($432,1).

De groei van de landbouw in Polynesië bedroeg -0.4% in de jaren 2010. De groei van de landbouw in Polynesië (-0,36%) was minder dan de groei van de landbouw in de wereld (2,9%), was minder dan de groei van de landbouw in Oceanië (-0,30%).

Vergelijking met subregio's. De toegevoegde waarde van de landbouw in Polynesië was 91,9% groter dan in Micronesië (US$178,6 miljoen); maar 126,3 keer minder dan in Australazië (US$43,3 miljard) en 14,5 keer minder dan in Melanesië (US$5,0 miljard). De toegevoegde waarde van de landbouw per hoofd in Polynesië was in Polynesië16,5% groter dan in Melanesië (US$493,3); maar 2,7 keer minder dan in Australazië (US$1.528,8) en 2,2% minder dan in Micronesië (US$587,6). De groei van de landbouw in Polynesië was groter dan in Australazië (-0,72%); maar minder dan in Melanesië (2,9%) en in Micronesië (2,3%).

Leiders. De toegevoegde waarde van de landbouw in Polynesië in de jaren 2010 bestond uit: Frans-Polynesië (50,9%), Tonga (22,1%), Samoa (21,8%), Cookeilanden (2,7%), Tuvalu (2,5%). Het aandeel van de landbouw in economie van de leiders: Tuvalu (23,1%), Tonga (20,0%), Samoa (9,5%), Frans-Polynesië (3,3%) en Cookeilanden (3,3%). De toegevoegde waarde van de landbouw per hoofd in Polynesië onder de leiders: Tuvalu ($787,5), Tonga ($738,0), Frans-Polynesië ($640,4), Cookeilanden ($511,8) en Samoa ($388,7). De groei van de landbouw onder de leiders: Tonga (2,5%), Tuvalu (0,79%), Samoa (-0,64%), Cookeilanden (-1,1%) en Frans-Polynesië (-1,2%).

Hoofdstuk V. Industrie

Mijnbouw, productie, nutsbedrijven (ISIC C-E)

De waarde van de industrie in Polynesië steeg van US$65,8 miljoen per jaar in de jaren 1970 tot US$578,7 miljoen per jaar in de jaren 2010, dat wil zeggen met US$512,9 miljoen of 8,8 keer. De verandering vond plaats op US$464,0 miljoen als gevolg van een 5,0-voudige stijging van de prijzen, en ook op US$15,1 miljoen als gevolg van een 1,2-voudige toename van de productiviteit , evenals op US$33,8 miljoen als gevolg van de toename van de bevolking. De gemiddelde jaarlijkse groei van de industrie is 1,5%. De minimumwaarde van de industrie bedroeg US$28,3 miljoen in 1970. De maximumwaarde van de industrie bedroeg US$618,7 miljoen in 2008.

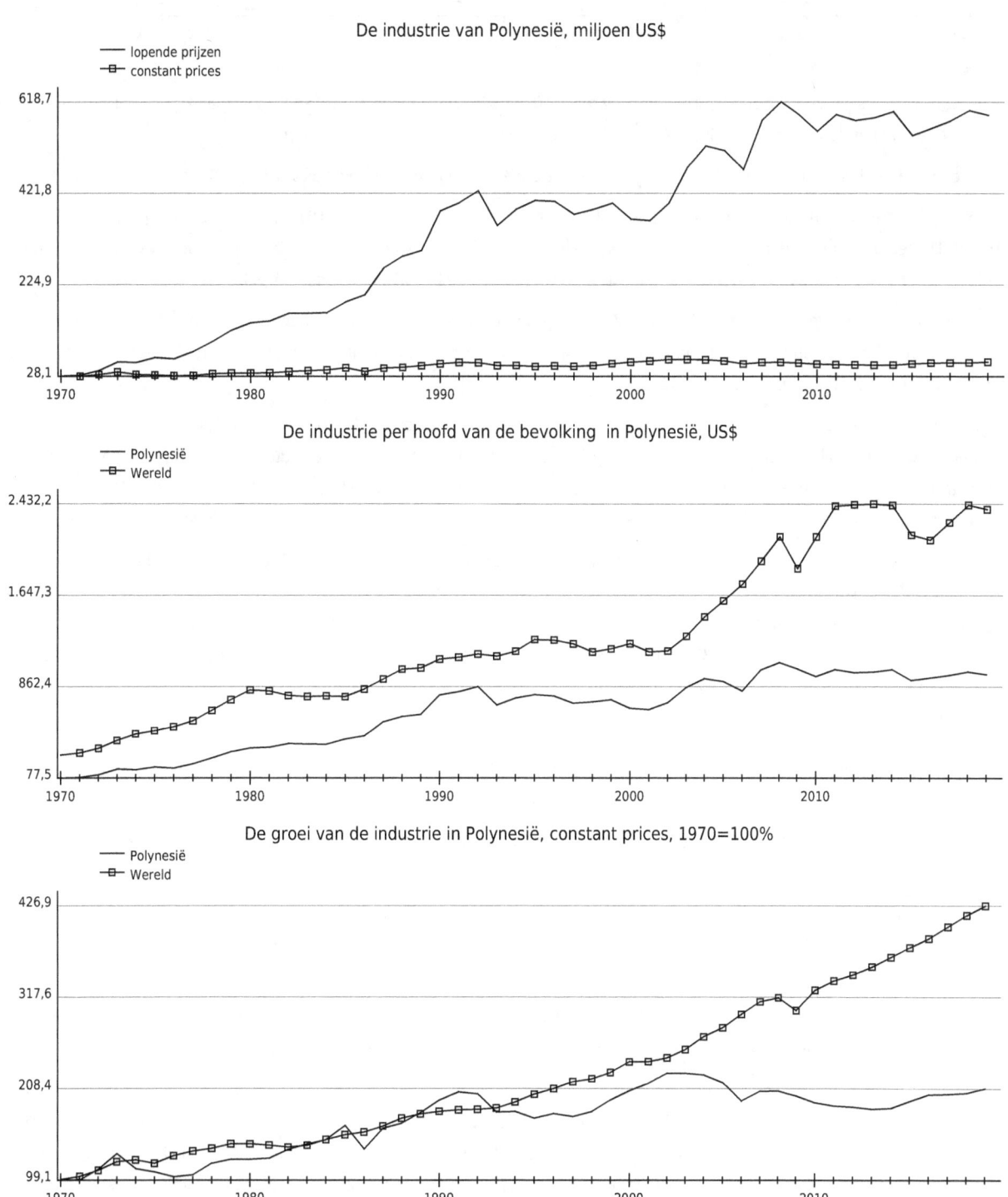

De industrie van Polynesië, miljoen US$

De industrie per hoofd van de bevolking in Polynesië, US$

De groei van de industrie in Polynesië, constant prices, 1970=100%

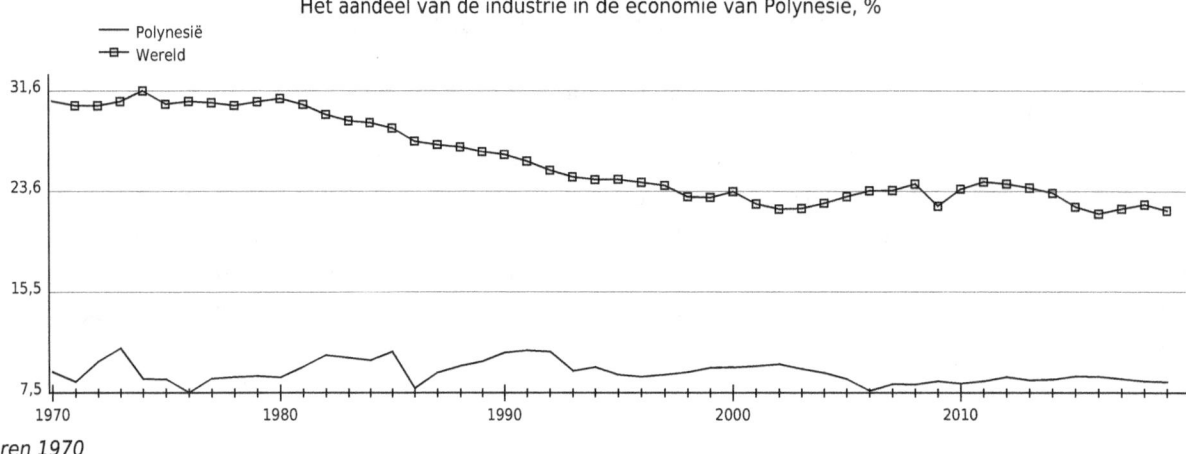

Het aandeel van de industrie in de economie van Polynesië, %

de jaren 1970

De sector van de industrie in Polynesië bedroeg in de jaren 1970 US$65,8 miljoen per jaar, en was vergelijkbaar met Macau (US$66,7 miljoen). Het aandeel in de wereld was 0,0034%, en 0,22% in Oceanië.

Het aandeel van de industrie in de economie van Polynesië was 8,8% in de jaren 1970, en was vergelijkbaar met Burundi (8,8%).

De toegevoegde waarde van de industrie per hoofd in Polynesië was $167,1 in de jaren 1970s, en was vergelijkbaar met Melanesië (US$164,2). De sector van de industrie per hoofd in Polynesië was in 2,9 keer lager dan de industrie per hoofd van de bevolking in de wereld ($480,5), en was in 8,5 keer lager dan de industrie per hoofd van de bevolking in Oceanië ($480,5).

De groei van de industrie in Polynesië bedroeg 2.4% in de jaren 1970, en was vergelijkbaar met de Verenigde Staten (2,4%), de Bahama's (2,4%). De groei van de industrie in Polynesië (2,4%) was minder dan de groei van de industrie in de wereld (4,0%), was minder dan de groei van de industrie in Oceanië (3,0%).

Vergelijking met subregio's. De sector van de industrie in Polynesië was groter dan in Micronesië (US$34,4 miljoen); maar minder dan in Australazië (US$29,4 miljard) en in Melanesië (US$672,9 miljoen). De waarde van de industrie per hoofd in Polynesië was in Polynesië groter dan in Melanesië (US$164,2); maar minder dan in Australazië (US$1.761,4) en in Micronesië (US$210,5). De groei van de industrie in Polynesië was groter dan in Melanesië (1,3%); maar minder dan in Micronesië (3,5%) en in Australazië (3,0%).

Leiders. De waarde van de industrie in Polynesië in de jaren 1970 bestond uit: Frans-Polynesië (74,8%), Samoa (19,1%), Tonga (3,9%), Cookeilanden (1,9%), Tuvalu (0,22%). Het aandeel van de industrie in economie van de leiders: Samoa (16,3%), Frans-Polynesië (7,9%), Tonga (7,9%), Cookeilanden (7,8%) en Tuvalu (4,4%). De waarde van de industrie per hoofd in Polynesië onder de leiders: Frans-Polynesië ($381,0), Samoa ($84,0), Cookeilanden ($63,2), Tonga ($29,1) en Tuvalu ($23,1). De groei van de industrie onder de leiders: Tonga (4,3%), Frans-Polynesië (4,0%), Samoa (3,7%), Tuvalu (-1,5%) en Cookeilanden (-9,7%).

de jaren 1980

De waarde van de industrie in Polynesië bedroeg in de jaren 1980 US$201,9 miljoen per jaar, en was vergelijkbaar met Guyana (US$198,5 miljoen), de Bahama's (US$205,8 miljoen). Het aandeel in de wereld was 0,0048%, en 0,32% in Oceanië.

Het aandeel van de industrie in de economie van Polynesië was 9,5% in de jaren 1980, en was vergelijkbaar met Mali (9,6%), Dominica (9,6%), Tonga (9,6%).

De industrie per hoofd in Polynesië was $445,3 in de jaren 1980s, en was vergelijkbaar met Ecuador (US$443,2), Colombia (US$437,9), de Dominicaanse Republiek (US$437,0). De sector van de industrie per hoofd in Polynesië was 48,3% lager dan de industrie per hoofd van de bevolking in de wereld ($861,8), en was in 5,8 keer lager dan de industrie per hoofd van de bevolking in Oceanië ($861,8).

De groei van de industrie in Polynesië bedroeg 3.8% in de jaren 1980. De groei van de industrie in Polynesië (3,8%) was groter dan de groei van de industrie in de wereld (2,3%), was groter dan de groei van de industrie in Oceanië (2,9%).

Vergelijking met subregio's. De sector van de industrie in Polynesië was groter dan in Micronesië (US$19,4 miljoen); maar minder dan in Australazië (US$62,4 miljard) en in Melanesië (US$1,1 miljard). De toegevoegde waarde van de industrie per hoofd in Polynesië was in Polynesië groter dan in Melanesië (US$214,9) en in Micronesië (US$93,2); maar minder dan in Australazië (US$3,3 duizend). De groei van de industrie in Polynesië was groter dan in Australazië (2,9%), in Melanesië (2,1%) en in Micronesië (-11,2%).

Leiders. De waarde van de industrie in Polynesië in de jaren 1980 bestond uit: Frans-Polynesië (86,4%), Samoa (8,5%), Tonga (4,0%), Cookeilanden (0,93%), Tuvalu (0,11%). Het aandeel van de industrie in economie van de leiders: Samoa (16,3%), Tonga (9,6%), Frans-Polynesië (9,2%), Cookeilanden (5,9%) en Tuvalu (5,0%). De toegevoegde waarde van de industrie per hoofd in Polynesië onder de leiders: Frans-Polynesië ($999,2), Samoa ($107,9), Cookeilanden ($106,5), Tonga ($87,0) en Tuvalu ($27,9). De groei van de industrie onder de leiders: Tuvalu (6,6%), Frans-Polynesië (5,7%), Tonga (3,0%), Samoa (-0,32%) en Cookeilanden (-11,2%).

de jaren 1990

De sector van de industrie in Polynesië bedroeg in de jaren 1990 US$392,8 miljoen per jaar, en was vergelijkbaar met Madagaskar (US$395,2 miljoen), Benin (US$396,8 miljoen), Haïti (US$398,7 miljoen). Het aandeel in de wereld was 0,0059%, en 0,44% in Oceanië.

Het aandeel van de industrie in de economie van Polynesië was 9,6% in de jaren 1990, en was vergelijkbaar met de Salomonseilanden (9,6%).

De industrie per hoofd in Polynesië was $770,7 in de jaren 1990s, en was vergelijkbaar met Libanon (US$780,8), Oost-Europa (US$786,1). De toegevoegde waarde van de industrie per hoofd in Polynesië was 34,4% lager dan de industrie per hoofd van de bevolking in de wereld ($1.175,6), en was in 4,0 keer lager dan de industrie per hoofd van de bevolking in Oceanië ($1.175,6).

De groei van de industrie in Polynesië bedroeg 0.8% in de jaren 1990, en was vergelijkbaar met Zuid-Europa (0,84%). De groei van de industrie in Polynesië (0,84%) was minder dan de groei van de industrie in de wereld (2,5%), was minder dan de groei van de industrie in Oceanië (2,3%).

Vergelijking met subregio's. De industrie van Polynesië was groter dan in Micronesië (US$29,0 miljoen); maar minder dan in Australazië (US$86,3 miljard) en in Melanesië (US$2,2 miljard). De waarde van de industrie per hoofd in Polynesië was in Polynesië groter dan in Melanesië (US$334,4) en in Micronesië (US$111,8); maar minder dan in Australazië (US$4,0 duizend). De groei van de industrie in Polynesië was groter dan in Micronesië (-0,11%); maar minder dan in Melanesië (5,4%) en in Australazië (2,2%).

Leiders. De toegevoegde waarde van de industrie in Polynesië in de jaren 1990 bestond uit: Frans-Polynesië (87,4%), Samoa (7,1%), Tonga (4,3%), Cookeilanden (1,2%), Tuvalu (0,091%). Het aandeel van de industrie in economie van de leiders: Samoa (15,2%), Tonga (9,9%), Frans-Polynesië (9,4%), Cookeilanden (5,6%) en Tuvalu (3,3%). De industrie per hoofd in Polynesië onder de leiders: Frans-Polynesië ($1.580,9), Cookeilanden ($253,6), Tonga ($174,4), Samoa ($165,0) en Tuvalu ($38,6). De groei van de industrie onder de leiders: Cookeilanden (5,4%), Tuvalu (1,1%), Frans-Polynesië (0,90%), Samoa (0,56%) en Tonga (-0,36%).

de jaren 2000

De industrie van Polynesië bedroeg in de jaren 2000 US$490,9 miljoen per jaar. Het aandeel in de wereld was 0,0048%, en 0,32% in Oceanië.

Het aandeel van de industrie in de economie van Polynesië was 8,7% in de jaren 2000, en was vergelijkbaar met Saint Kitts en Nevis (8,6%), de Comoren (8,6%).

De waarde van de industrie per hoofd in Polynesië was $870,2 in de jaren 2000s. De sector van de industrie per hoofd in Polynesië was 44,7% lager dan de industrie per hoofd van de bevolking in de wereld ($1.573,8), en was in 5,3 keer lager dan de industrie per hoofd van de bevolking in Oceanië ($1.573,8).

De groei van de industrie in Polynesië bedroeg 0.3% in de jaren 2000. De groei van de industrie in Polynesië (0,25%) was minder dan de groei van de industrie in de wereld (2,9%), was minder dan de groei van de industrie in Oceanië (1,8%).

Vergelijking met subregio's. De sector van de industrie in Polynesië was groter dan in Micronesië (US$31,8 miljoen); maar minder dan in Australazië (US$148,3 miljard) en in Melanesië (US$3,4 miljard). De toegevoegde waarde van de industrie per hoofd in Polynesië was in Polynesië groter dan in Melanesië (US$411,7) en in Micronesië (US$113,0); maar minder dan in Australazië (US$6,1 duizend). De groei van de industrie in Polynesië was groter dan in Melanesië (-0,33%) en in Micronesië (-0,53%); maar minder dan in Australazië (1,9%).

Leiders. De waarde van de industrie in Polynesië in de jaren 2000 bestond uit: Frans-Polynesië (80,0%), Samoa (13,2%), Tonga (5,0%), Cookeilanden (1,8%), Tuvalu (0,061%). Het aandeel van de industrie in economie van de leiders: Samoa (15,0%), Tonga (11,5%), Frans-Polynesië (8,1%), Cookeilanden (5,6%) en Tuvalu (1,5%). De sector van de industrie per hoofd in Polynesië onder de leiders: Frans-Polynesië ($1.536,0), Cookeilanden ($463,6), Samoa ($362,7), Tonga ($243,4) en Tuvalu ($30,1). De groei van de industrie onder de leiders: Tuvalu (4,1%), Cookeilanden (3,4%), Samoa (0,69%), Frans-Polynesië (0,10%) en Tonga (-0,16%).

de jaren 2010

De waarde van de industrie in Polynesië bedroeg in de jaren 2010 US$578,7 miljoen per jaar. Het aandeel in de wereld was 0,0034%, en 0,21% in Oceanië.

Het aandeel van de industrie in de economie van Polynesië was 8,5% in de jaren 2010.

De industrie per hoofd in Polynesië was $970,8 in de jaren 2010s, en was vergelijkbaar met Bosnië en Herzegovina (US$982,2), Noord-Afrika (US$958,1). De waarde van de industrie per hoofd in Polynesië was in 2,4 keer lager dan de industrie per hoofd van de bevolking in de wereld ($2.320,9), en was in 7,3 keer lager dan de industrie per hoofd van de bevolking in Oceanië ($2.320,9).

De groei van de industrie in Polynesië bedroeg 0.4% in de jaren 2010, en was vergelijkbaar met het Verenigd Koninkrijk (0,44%). De groei van de industrie in Polynesië (0,44%) was minder dan de groei van de industrie in de wereld (3,5%), was minder dan de groei van de industrie in Oceanië (2,6%).

Vergelijking met subregio's. De sector van de industrie in Polynesië was 6,9 keer groter dan in Micronesië (US$83,8 miljoen); maar 469,8 keer minder dan in Australazië (US$271,9 miljard) en 12,5 keer minder dan in Melanesië (US$7,3 miljard). De waarde van de industrie per hoofd in Polynesië was in Polynesië34,4% groter dan in Melanesië (US$722,6) en 3,5 keer groter dan in Micronesië (US$275,7); maar 9,9 keer minder dan in Australazië (US$9,6 duizend). De groei van de industrie in Polynesië was minder dan in Melanesië (8,4%), in Micronesië (5,6%) en in Australazië (2,4%).

Leiders. De waarde van de industrie in Polynesië in de jaren 2010 bestond uit: Frans-Polynesië (75,8%), Samoa (14,7%), Tonga (7,0%), Cookeilanden (2,3%), Tuvalu (0,090%). Het aandeel van de industrie in economie van de leiders: Samoa (10,8%), Tonga (10,8%), Frans-Polynesië (8,3%), Cookeilanden (4,9%) en Tuvalu (1,4%). De sector van de industrie per hoofd in Polynesië onder de leiders: Frans-Polynesië ($1.609,8), Cookeilanden ($762,7), Samoa ($442,6), Tonga ($398,2) en Tuvalu ($47,3). De groei van de industrie onder de leiders: Tonga (2,2%), Cookeilanden (2,0%), Tuvalu (0,77%), Frans-Polynesië (0,59%) en Samoa (-1,4%).

Hoofdstuk 5.1. Fabricage

(ISIC D)

De toegevoegde waarde van de fabricage in Polynesië steeg van US$55,1 miljoen per jaar in de jaren 1970 tot US$386,2 miljoen per jaar in de jaren 2010, dat wil zeggen met US$331,0 miljoen of 7,0 keer. De verandering vond plaats op US$315,5 miljoen als gevolg van een 5,5-voudige stijging van de prijzen, en ook op -US$12,7 miljoen als gevolg van een 1,2-voudige afname van de productiviteit , evenals op US$28,3 miljoen als gevolg van de toename van de bevolking. De gemiddelde jaarlijkse groei van de fabricage is 0,86%. De minimumwaarde van de fabricage bedroeg US$22,4 miljoen in 1970. De maximumwaarde van de fabricage bedroeg US$450,0 miljoen in 2008.

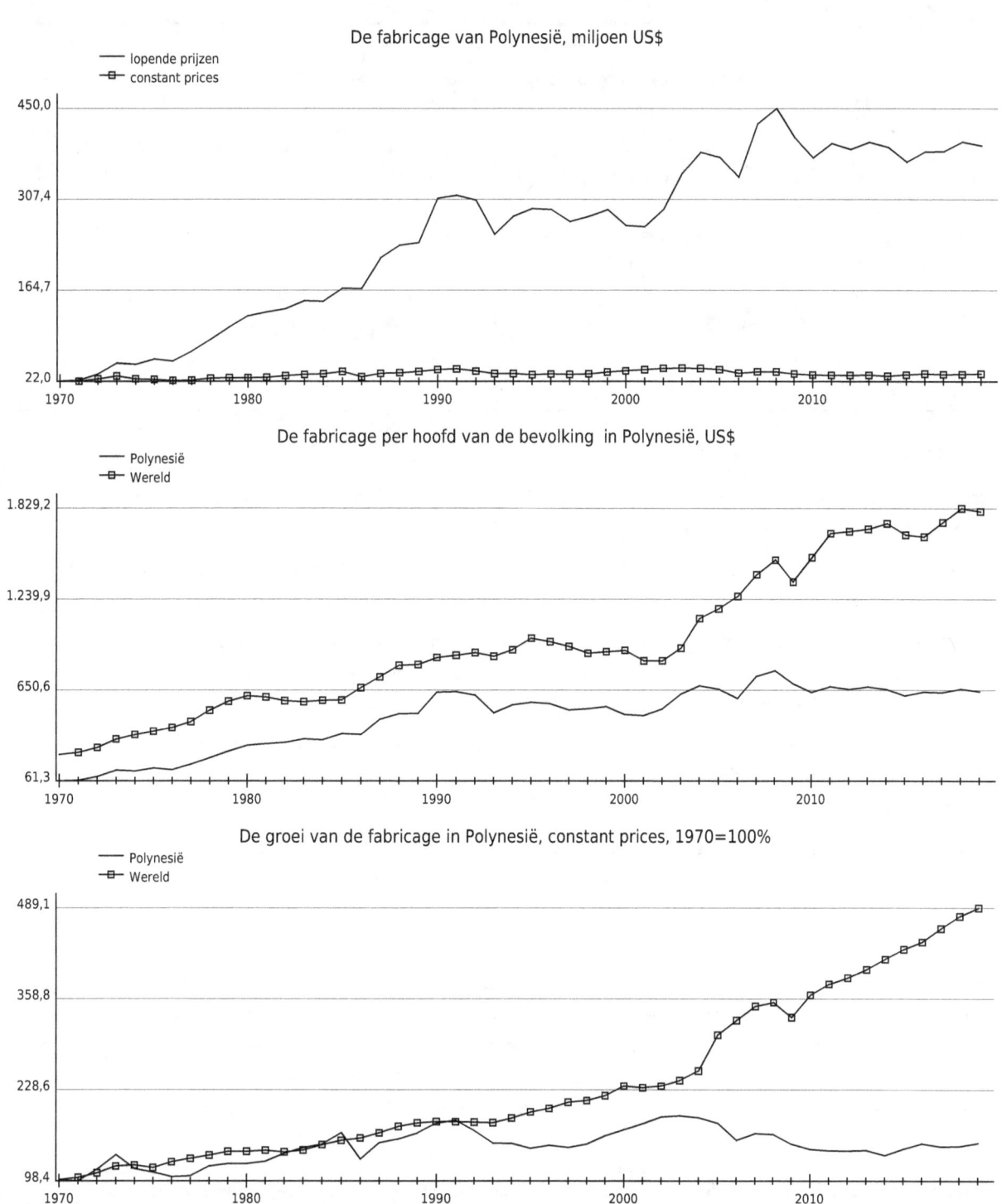

De fabricage van Polynesië, miljoen US$

De fabricage per hoofd van de bevolking in Polynesië, US$

De groei van de fabricage in Polynesië, constant prices, 1970=100%

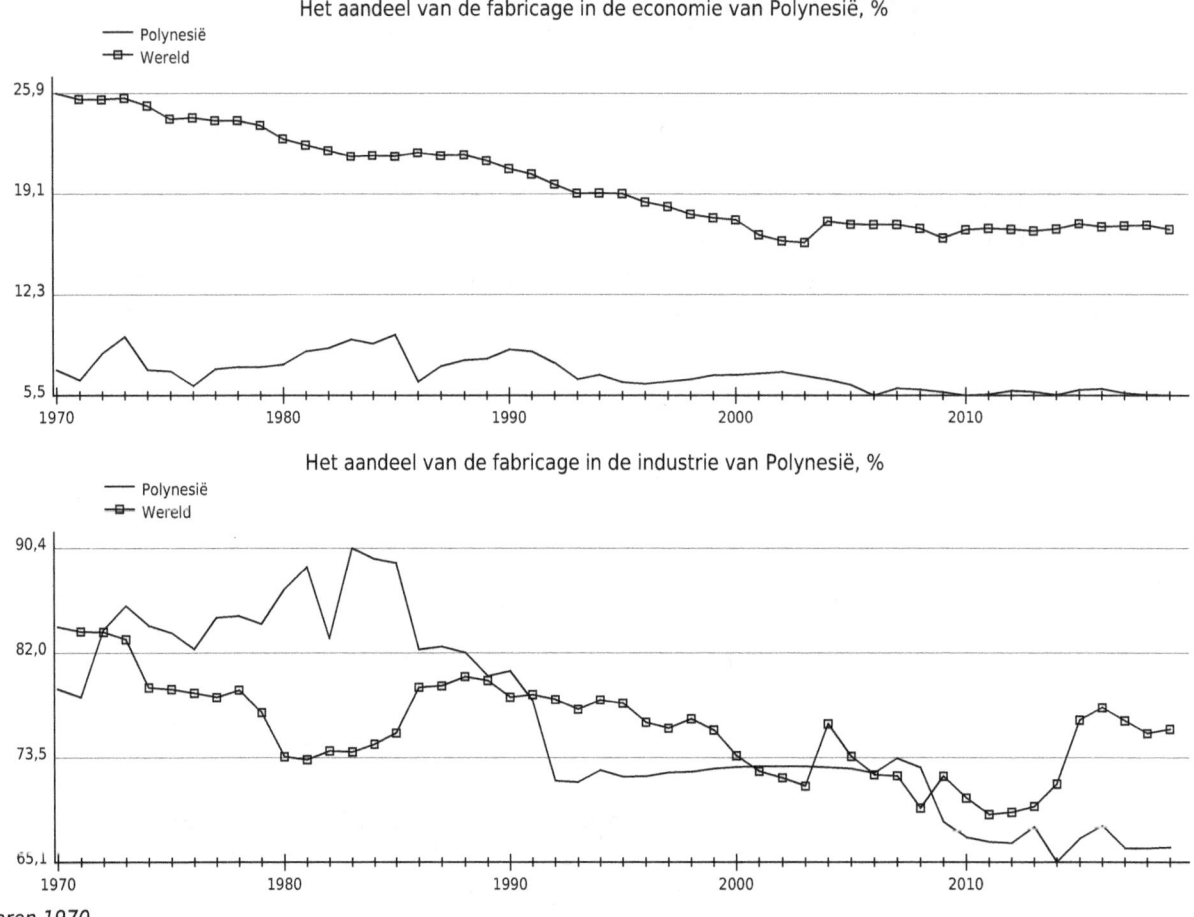

Het aandeel van de fabricage in de economie van Polynesië, %

Het aandeel van de fabricage in de industrie van Polynesië, %

de jaren 1970

De fabricage van Polynesië bedroeg in de jaren 1970 US$55,1 miljoen per jaar, en was vergelijkbaar met Sierra Leone (US$54,0 miljoen), Swaziland (US$56,4 miljoen). Het aandeel in de wereld was 0,0036%, en 0,25% in Oceanië.

Het aandeel van de fabricage in de economie van Polynesië was 7,4% in de jaren 1970, en was vergelijkbaar met Groenland (7,4%), Rwanda (7,3%), Botswana (7,4%).

De waarde van de fabricage per hoofd in Polynesië was $140,0 in de jaren 1970s, en was vergelijkbaar met Zimbabwe (US$140,1), Noord-Korea (US$140,1). De fabricage per hoofd in Polynesië was in 2,7 keer lager dan de fabricage per hoofd van de bevolking in de wereld ($383,2), en was in 7,3 keer lager dan de fabricage per hoofd van de bevolking in Oceanië ($383,2).

De groei van de fabricage in Polynesië bedroeg 2.3% in de jaren 1970, en was vergelijkbaar met Madagaskar (2,3%). De groei van de fabricage in Polynesië (2,3%) was minder dan de groei van de fabricage in de wereld (3,8%), was groter dan de groei van de fabricage in Oceanië (2,1%).

Vergelijking met subregio's. De fabricage van Polynesië was groter dan in Micronesië (US$1,6 miljoen); maar minder dan in Australazië (US$21,4 miljard) en in Melanesië (US$351,8 miljoen). De sector van de fabricage per hoofd in Polynesië was in Polynesië groter dan in Melanesië (US$85,8) en in Micronesië (US$9,5); maar minder dan in Australazië (US$1.281,1). De groei van de fabricage in Polynesië was groter dan in Australazië (2,1%) en in Melanesië (-0,17%); maar minder dan in Micronesië (5,6%).

Leiders. De sector van de fabricage in Polynesië in de jaren 1970 bestond uit: Frans-Polynesië (75,1%), Samoa (19,0%), Tonga (3,8%), Cookeilanden (2,0%), Tuvalu (0,12%). Het aandeel van de fabricage in economie van de leiders: Samoa (13,5%), Cookeilanden (6,8%), Frans-Polynesië (6,7%), Tonga (6,4%) en Tuvalu (2,0%). De toegevoegde waarde van de fabricage per hoofd in Polynesië onder de leiders: Frans-Polynesië ($320,4), Samoa ($69,7), Cookeilanden ($55,1), Tonga ($23,8) en Tuvalu ($10,4). De groei van de fabricage onder de leiders: Frans-Polynesië (4,2%), Tonga (3,9%), Samoa (3,7%), Tuvalu (-1,5%) en Cookeilanden (-9,5%).

de jaren 1980

De waarde van de fabricage in Polynesië bedroeg in de jaren 1980 US$171,0 miljoen per jaar, en was vergelijkbaar met Mongolië

(US$173,6 miljoen). Het aandeel in de wereld was 0,0054%, en 0,42% in Oceanië.

Het aandeel van de fabricage in de economie van Polynesië was 8,1% in de jaren 1980, en was vergelijkbaar met Benin (8,1%), Mali (8,2%).

De waarde van de fabricage per hoofd in Polynesië was $377,2 in de jaren 1980s, en was vergelijkbaar met Ecuador (US$377,6), de Bahama's (US$379,1), de Dominicaanse Republiek (US$386,0). De toegevoegde waarde van de fabricage per hoofd in Polynesië was 43,0% lager dan de fabricage per hoofd van de bevolking in de wereld ($661,2), en was in 4,4 keer lager dan de fabricage per hoofd van de bevolking in Oceanië ($661,2).

De groei van de fabricage in Polynesië bedroeg 3.1% in de jaren 1980, en was vergelijkbaar met Malawi (3,1%), Chili (3,1%), Oost-Afrika (3,1%). De groei van de fabricage in Polynesië (3,1%) was groter dan de groei van de fabricage in de wereld (2,6%), was groter dan de groei van de fabricage in Oceanië (1,5%).

Vergelijking met subregio's. De fabricage van Polynesië was groter dan in Micronesië (US$4,2 miljoen); maar minder dan in Australazië (US$40,3 miljard) en in Melanesië (US$586,5 miljoen). De fabricage per hoofd in Polynesië was in Polynesië groter dan in Melanesië (US$111,2) en in Micronesië (US$20,3); maar minder dan in Australazië (US$2,1 duizend). De groei van de fabricage in Polynesië was groter dan in Australazië (1,5%) en in Micronesië (1,3%); maar minder dan in Melanesië (4,7%).

Leiders. De waarde van de fabricage in Polynesië in de jaren 1980 bestond uit: Frans-Polynesië (87,6%), Samoa (8,3%), Tonga (3,2%), Cookeilanden (0,87%), Tuvalu (0,060%). Het aandeel van de fabricage in economie van de leiders: Samoa (13,5%), Frans-Polynesië (7,9%), Tonga (6,4%), Cookeilanden (4,7%) en Tuvalu (2,2%). De fabricage per hoofd in Polynesië onder de leiders: Frans-Polynesië ($857,8), Samoa ($89,7), Cookeilanden ($84,4), Tonga ($57,6) en Tuvalu ($12,5). De groei van de fabricage onder de leiders: Tuvalu (6,6%), Frans-Polynesië (4,9%), Tonga (3,5%), Samoa (-0,32%) en Cookeilanden (-13,9%).

de jaren 1990

De waarde van de fabricage in Polynesië bedroeg in de jaren 1990 US$289,1 miljoen per jaar, en was vergelijkbaar met Madagaskar (US$295,6 miljoen). Het aandeel in de wereld was 0,0056%, en 0,50% in Oceanië.

Het aandeel van de fabricage in de economie van Polynesië was 7,0% in de jaren 1990.

De sector van de fabricage per hoofd in Polynesië was $567,1 in de jaren 1990s, en was vergelijkbaar met Servië (US$568,3), Swaziland (US$562,1), Paraguay (US$572,4). De waarde van de fabricage per hoofd in Polynesië was 37,6% lager dan de fabricage per hoofd van de bevolking in de wereld ($908,4), en was in 3,5 keer lager dan de fabricage per hoofd van de bevolking in Oceanië ($908,4).

De groei van de fabricage in Polynesië bedroeg -0.2% in de jaren 1990. De groei van de fabricage in Polynesië (-0,25%) was minder dan de groei van de fabricage in de wereld (2,0%), was minder dan de groei van de fabricage in Oceanië (1,3%).

Vergelijking met subregio's. De sector van de fabricage in Polynesië was groter dan in Micronesië (US$9,2 miljoen); maar minder dan in Australazië (US$56,2 miljard) en in Melanesië (US$937,6 miljoen). De toegevoegde waarde van de fabricage per hoofd in Polynesië was in Polynesië groter dan in Melanesië (US$141,5) en in Micronesië (US$35,4); maar minder dan in Australazië (US$2,6 duizend). De groei van de fabricage in Polynesië was groter dan in Melanesië (-2,6%); maar minder dan in Australazië (1,4%) en in Micronesië (0,89%).

Leiders. De fabricage van Polynesië in de jaren 1990 bestond uit: Frans-Polynesië (86,7%), Samoa (8,0%), Tonga (4,5%), Cookeilanden (0,82%), Tuvalu (0,055%). Het aandeel van de fabricage in economie van de leiders: Samoa (12,6%), Tonga (7,6%), Frans-Polynesië (6,9%), Cookeilanden (2,8%) en Tuvalu (1,5%). De fabricage per hoofd in Polynesië onder de leiders: Frans-Polynesië ($1.154,3), Samoa ($136,5), Tonga ($134,5), Cookeilanden ($126,9) en Tuvalu ($17,4). De groei van de fabricage onder de leiders: Cookeilanden (1,2%), Samoa (0,35%), Frans-Polynesië (-0,30%), Tonga (-1,4%) en Tuvalu (-4,0%).

de jaren 2000

De fabricage van Polynesië bedroeg in de jaren 2000 US$354,8 miljoen per jaar. Het aandeel in de wereld was 0,0048%, en 0,43% in Oceanië.

Het aandeel van de fabricage in de economie van Polynesië was 6,3% in de jaren 2000.

De waarde van de fabricage per hoofd in Polynesië was $629,0 in de jaren 2000s, en was vergelijkbaar met de Kaaimaneilanden

(US$638,5). De waarde van de fabricage per hoofd in Polynesië was 44,7% lager dan de fabricage per hoofd van de bevolking in de wereld ($1.138,1), en was in 3,9 keer lager dan de fabricage per hoofd van de bevolking in Oceanië ($1.138,1).

De groei van de fabricage in Polynesië bedroeg -0.7% in de jaren 2000. De groei van de fabricage in Polynesië (-0,74%) was minder dan de groei van de fabricage in de wereld (4,2%), was minder dan de groei van de fabricage in Oceanië (0,79%).

Vergelijking met subregio's. De fabricage van Polynesië was groter dan in Micronesië (US$14,5 miljoen); maar   minder dan in Australazië (US$80,8 miljard) en in Melanesië (US$1,4 miljard). De toegevoegde waarde van de fabricage per hoofd in Polynesië was in Polynesië groter dan in Melanesië (US$176,8) en in Micronesië (US$51,4); maar minder dan in Australazië (US$3,3 duizend). De groei van de fabricage in Polynesië was minder dan in Micronesië (3,7%), in Melanesië (1,4%) en in Australazië (0,79%).

Leiders. De sector van de fabricage in Polynesië in de jaren 2000 bestond uit: Frans-Polynesië (78,1%), Samoa (15,2%), Tonga (5,2%), Cookeilanden (1,5%), Tuvalu (0,055%). Het aandeel van de fabricage in economie van de leiders: Samoa (12,4%), Tonga (8,6%), Frans-Polynesië (5,7%), Cookeilanden (3,3%) en Tuvalu (0,99%). De toegevoegde waarde van de fabricage per hoofd in Polynesië onder de leiders: Frans-Polynesië ($1.084,6), Samoa ($300,8), Cookeilanden ($276,8), Tonga ($182,7) en Tuvalu ($19,8). De groei van de fabricage onder de leiders: Cookeilanden (3,2%), Tuvalu (1,5%), Samoa (0,077%), Frans-Polynesië (-0,98%) en Tonga (-1,5%).

de jaren 2010

De waarde van de fabricage in Polynesië bedroeg in de jaren 2010 US$386,2 miljoen per jaar. Het aandeel in de wereld was 0,0031%, en 0,35% in Oceanië.

Het aandeel van de fabricage in de economie van Polynesië was 5,7% in de jaren 2010, en was vergelijkbaar met Koeweit (5,6%), Gambia (5,6%).

De waarde van de fabricage per hoofd in Polynesië was $647,8 in de jaren 2010s, en was vergelijkbaar met de Kaaimaneilanden (US$653,1). De waarde van de fabricage per hoofd in Polynesië was in 2,6 keer lager dan de fabricage per hoofd van de bevolking in de wereld ($1.697,4), en was in 4,4 keer lager dan de fabricage per hoofd van de bevolking in Oceanië ($1.697,4).

De groei van de fabricage in Polynesië bedroeg 0.1% in de jaren 2010. De groei van de fabricage in Polynesië (0,078%) was minder dan de groei van de fabricage in de wereld (3,9%), was groter dan de groei van de fabricage in Oceanië (-0,27%).

Vergelijking met subregio's. De sector van de fabricage in Polynesië was 9,7 keer groter dan in Micronesië (US$39,8 miljoen); maar 283,0 keer minder dan in Australazië (US$109,3 miljard) en 5,4 keer minder dan in Melanesië (US$2,1 miljard). De waarde van de fabricage per hoofd in Polynesië was in Polynesië3,1 keer groter dan in Melanesië (US$207,8) en 4,9 keer groter dan in Micronesië (US$131,1); maar 6,0 keer minder dan in Australazië (US$3,9 duizend). De groei van de fabricage in Polynesië was groter dan in Australazië (-0,30%); maar minder dan in Micronesië (4,4%) en in Melanesië (1,2%).

Leiders. De fabricage van Polynesië in de jaren 2010 bestond uit: Frans-Polynesië (74,8%), Samoa (16,6%), Tonga (6,8%), Cookeilanden (1,8%), Tuvalu (0,093%). Het aandeel van de fabricage in economie van de leiders: Samoa (8,2%), Tonga (6,9%), Frans-Polynesië (5,4%), Cookeilanden (2,5%) en Tuvalu (0,95%). De toegevoegde waarde van de fabricage per hoofd in Polynesië onder de leiders: Frans-Polynesië ($1.058,9), Cookeilanden ($388,5), Samoa ($333,7), Tonga ($254,8) en Tuvalu ($32,5). De groei van de fabricage onder de leiders: Cookeilanden (1,9%), Tonga (1,4%), Frans-Polynesië (0,69%), Tuvalu (0,22%) en Samoa (-3,4%).

Hoofdstuk VI. Constructie

(ISIC F)

De toegevoegde waarde van de constructie in Polynesië steeg van US$54,6 miljoen per jaar in de jaren 1970 tot US$292,8 miljoen per jaar in de jaren 2010, dat wil zeggen met US$238,3 miljoen of 5,4 keer. De verandering vond plaats op US$225,4 miljoen als gevolg van een 4,3-voudige stijging van de prijzen, en ook op -US$15,1 miljoen als gevolg van een 1,2-voudige afname van de productiviteit , evenals op US$28,0 miljoen als gevolg van de toename van de bevolking. De gemiddelde jaarlijkse groei van de constructie is 1,5%. De minimumwaarde van de constructie bedroeg US$16,1 miljoen in 1970. De maximumwaarde van de constructie bedroeg US$402,7 miljoen in 2008.

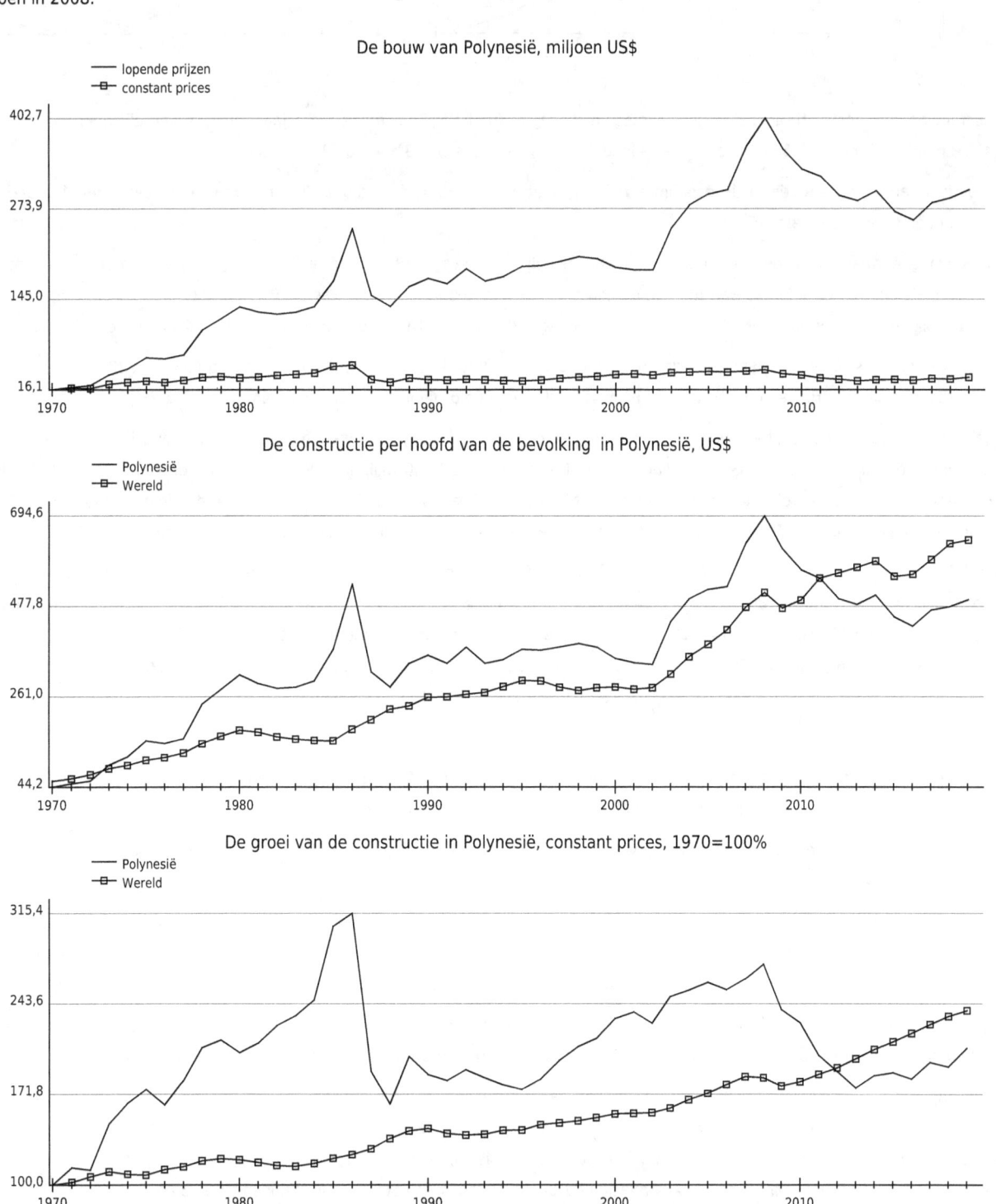

De bouw van Polynesië, miljoen US$

De constructie per hoofd van de bevolking in Polynesië, US$

De groei van de constructie in Polynesië, constant prices, 1970=100%

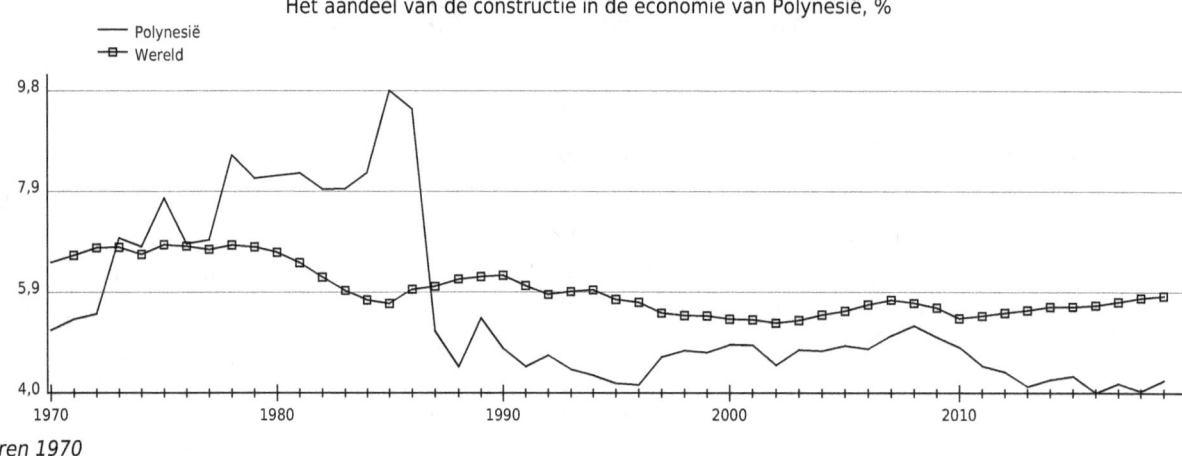

Het aandeel van de constructie in de economie van Polynesië, %

de jaren 1970

De sector van de constructie in Polynesië bedroeg in de jaren 1970 US$54,6 miljoen per jaar, en was vergelijkbaar met Guyana (US$53,8 miljoen), Niger (US$53,4 miljoen). Het aandeel in de wereld was 0,013%, en 0,62% in Oceanië.

Het aandeel van de constructie in de economie van Polynesië was 7,3% in de jaren 1970, en was vergelijkbaar met de Turks- en Caicoseilanden (7,3%), Suriname (7,3%).

De toegevoegde waarde van de constructie per hoofd in Polynesië was $138,5 in de jaren 1970s, en was vergelijkbaar met Iran (US$139,9), Mexico (US$141,6). De waarde van de constructie per hoofd in Polynesië was 30,5% hoger dan de constructie per hoofd van de bevolking in de wereld ($106,1), en was in 3,0 keer lager dan de constructie per hoofd van de bevolking in Oceanië ($106,1).

De groei van de constructie in Polynesië bedroeg 8.9% in de jaren 1970. De groei van de constructie in Polynesië (8,9%) was groter dan de groei van de constructie in de wereld (2,1%), was groter dan de groei van de constructie in Oceanië (1,7%).

Vergelijking met subregio's. De toegevoegde waarde van de constructie in Polynesië was groter dan in Micronesië (US$10,4 miljoen); maar minder dan in Australazië (US$8,6 miljard) en in Melanesië (US$210,6 miljoen). De waarde van de constructie per hoofd in Polynesië was in Polynesië groter dan in Micronesië (US$63,3) en in Melanesië (US$51,4); maar minder dan in Australazië (US$514,8). De groei van de constructie in Polynesië was groter dan in Melanesië (7,3%), in Micronesië (4,7%) en in Australazië (1,5%).

Leiders. De sector van de constructie in Polynesië in de jaren 1970 bestond uit: Frans-Polynesië (89,4%), Samoa (5,8%), Tonga (2,4%), Cookeilanden (1,6%), Tuvalu (0,80%). Het aandeel van de constructie in economie van de leiders: Tuvalu (13,3%), Frans-Polynesië (7,9%), Cookeilanden (5,4%), Samoa (4,1%) en Tonga (3,9%). De sector van de constructie per hoofd in Polynesië onder de leiders: Frans-Polynesië ($377,6), Tuvalu ($69,9), Cookeilanden ($43,7), Samoa ($21,0) en Tonga ($14,6). De groei van de constructie onder de leiders: Frans-Polynesië (10,6%), Tonga (8,2%), Samoa (3,7%), Tuvalu (-1,5%) en Cookeilanden (-9,2%).

de jaren 1980

De toegevoegde waarde van de constructie in Polynesië bedroeg in de jaren 1980 US$150,9 miljoen per jaar, en was vergelijkbaar met Bolivia (US$150,2 miljoen). Het aandeel in de wereld was 0,017%, en 0,90% in Oceanië.

Het aandeel van de constructie in de economie van Polynesië was 7,1% in de jaren 1980, en was vergelijkbaar met Mexico (7,1%), Oost-Azië (7,1%), Zuid-Europa (7,1%).

De toegevoegde waarde van de constructie per hoofd in Polynesië was $332,7 in de jaren 1980s, en was vergelijkbaar met Barbados (US$340,9). De toegevoegde waarde van de constructie per hoofd in Polynesië was 78,7% hoger dan de constructie per hoofd van de bevolking in de wereld ($186,2), en was in 2,0 keer lager dan de constructie per hoofd van de bevolking in Oceanië ($186,2).

De groei van de constructie in Polynesië bedroeg -0.6% in de jaren 1980. De groei van de constructie in Polynesië (-0,63%) was minder dan de groei van de constructie in de wereld (1,7%), was minder dan de groei van de constructie in Oceanië (2,8%).

Vergelijking met subregio's. De toegevoegde waarde van de constructie in Polynesië was groter dan in Micronesië (US$23,0 miljoen); maar minder dan in Australazië (US$16,3 miljard) en in Melanesië (US$262,1 miljoen). De bouw per hoofd in Polynesië was in Polynesië groter dan in Micronesië (US$110,8) en in Melanesië (US$49,7); maar minder dan in Australazië (US$867,7). De groei van de constructie in Polynesië was minder dan in Australazië (2,9%), in Micronesië (0,66%) en in Melanesië (-0,054%).

Leiders. De waarde van de constructie in Polynesië in de jaren 1980 bestond uit: Frans-Polynesië (93,0%), Tonga (3,1%), Samoa (2,9%), Cookeilanden (0,64%), Tuvalu (0,46%). Het aandeel van de constructie in economie van de leiders: Tuvalu (15,0%), Frans-Polynesië (7,4%), Tonga (5,4%), Samoa (4,1%) en Cookeilanden (3,0%). De waarde van de constructie per hoofd in Polynesië onder de leiders: Frans-Polynesië ($803,4), Tuvalu ($84,3), Cookeilanden ($55,1), Tonga ($49,1) en Samoa ($27,1). De groei van de constructie onder de leiders: Tuvalu (6,6%), Frans-Polynesië (0,089%), Samoa (-0,31%), Cookeilanden (-3,4%) en Tonga (-7,7%).

de jaren 1990

De toegevoegde waarde van de constructie in Polynesië bedroeg in de jaren 1990 US$186,9 miljoen per jaar, en was vergelijkbaar met Monaco (US$186,5 miljoen), Noord-Macedonië (US$187,7 miljoen), Brunei (US$189,6 miljoen). Het aandeel in de wereld was 0,012%, en 0,73% in Oceanië.

Het aandeel van de constructie in de economie van Polynesië was 4,6% in de jaren 1990, en was vergelijkbaar met El Salvador (4,6%).

De toegevoegde waarde van de constructie per hoofd in Polynesië was $366,7 in de jaren 1990s. De sector van de constructie per hoofd in Polynesië was 31,6% hoger dan de constructie per hoofd van de bevolking in de wereld ($278,6), en was in 2,4 keer lager dan de constructie per hoofd van de bevolking in Oceanië ($278,6).

De groei van de constructie in Polynesië bedroeg 0.7% in de jaren 1990. De groei van de constructie in Polynesië (0,69%) was minder dan de groei van de constructie in de wereld (0,71%), was minder dan de groei van de constructie in Oceanië (3,0%).

Vergelijking met subregio's. De waarde van de constructie in Polynesië was groter dan in Micronesië (US$32,3 miljoen); maar minder dan in Australazië (US$24,8 miljard) en in Melanesië (US$487,3 miljoen). De toegevoegde waarde van de constructie per hoofd in Polynesië was in Polynesië groter dan in Micronesië (US$124,5) en in Melanesië (US$73,6); maar minder dan in Australazië (US$1.150,8). De groei van de constructie in Polynesië was groter dan in Micronesië (0,076%); maar minder dan in Melanesië (4,6%) en in Australazië (3,0%).

Leiders. De sector van de constructie in Polynesië in de jaren 1990 bestond uit: Frans-Polynesië (87,5%), Tonga (6,8%), Samoa (4,0%), Cookeilanden (1,1%), Tuvalu (0,58%). Het aandeel van de constructie in economie van de leiders: Tuvalu (10,2%), Tonga (7,5%), Frans-Polynesië (4,5%), Samoa (4,1%) en Cookeilanden (2,4%). De constructie per hoofd in Polynesië onder de leiders: Frans-Polynesië ($753,7), Tonga ($132,5), Tuvalu ($117,3), Cookeilanden ($109,5) en Samoa ($44,3). De groei van de constructie onder de leiders: Tonga (6,0%), Cookeilanden (4,6%), Samoa (0,98%), Frans-Polynesië (0,19%) en Tuvalu (-3,5%).

de jaren 2000

De sector van de constructie in Polynesië bedroeg in de jaren 2000 US$280,9 miljoen per jaar, en was vergelijkbaar met Tsjaad (US$281,0 miljoen), Monaco (US$279,4 miljoen), Bermuda (US$284,2 miljoen). Het aandeel in de wereld was 0,011%, en 0,51% in Oceanië.

Het aandeel van de constructie in de economie van Polynesië was 5,0% in de jaren 2000, en was vergelijkbaar met Noorwegen (5,0%), Zwitserland (5,0%), Ghana (5,0%).

De toegevoegde waarde van de constructie per hoofd in Polynesië was $497,9 in de jaren 2000s, en was vergelijkbaar met Libië (US$494,5), Brunei (US$493,5), Centraal-Amerika (US$493,5). De sector van de constructie per hoofd in Polynesië was 30,6% hoger dan de constructie per hoofd van de bevolking in de wereld ($381,3), en was in 3,3 keer lager dan de constructie per hoofd van de bevolking in Oceanië ($381,3).

De groei van de constructie in Polynesië bedroeg 1% in de jaren 2000. De groei van de constructie in Polynesië (0,99%) was minder dan de groei van de constructie in de wereld (1,5%), was minder dan de groei van de constructie in Oceanië (4,8%).

Vergelijking met subregio's. De sector van de constructie in Polynesië was groter dan in Micronesië (US$40,8 miljoen); maar minder dan in Australazië (US$53,4 miljard) en in Melanesië (US$1,1 miljard). De toegevoegde waarde van de constructie per hoofd in Polynesië was in Polynesië groter dan in Micronesië (US$144,9) en in Melanesië (US$129,8); maar minder dan in Australazië (US$2,2 duizend). De groei van de constructie in Polynesië was minder dan in Melanesië (9,0%), in Australazië (4,7%) en in Micronesië (1,1%).

Leiders. De waarde van de constructie in Polynesië in de jaren 2000 bestond uit: Frans-Polynesië (82,6%), Samoa (9,1%), Tonga (6,0%), Cookeilanden (1,7%), Tuvalu (0,60%). Het aandeel van de constructie in economie van de leiders: Tuvalu (8,5%), Tonga (7,9%), Samoa (5,9%), Frans-Polynesië (4,8%) en Cookeilanden (3,2%). De sector van de constructie per hoofd in Polynesië onder de leiders: Frans-Polynesië ($907,8), Cookeilanden ($262,1), Tuvalu ($169,7), Tonga ($167,3) en Samoa ($142,3). De groei van de constructie

onder de leiders: Tuvalu (11,5%), Samoa (8,9%), Cookeilanden (7,2%), Frans-Polynesië (0,16%) en Tonga (-0,44%).

de jaren 2010

De toegevoegde waarde van de constructie in Polynesië bedroeg in de jaren 2010 US$292,8 miljoen per jaar, en was vergelijkbaar met Suriname (US$289,9 miljoen), Mauritanië (US$288,6 miljoen). Het aandeel in de wereld was 0,0070%, en 0,24% in Oceanië.

Het aandeel van de constructie in de economie van Polynesië was 4,3% in de jaren 2010, en was vergelijkbaar met Jemen (4,3%), Hongkong (4,3%), Hongarije (4,3%).

De bouw per hoofd in Polynesië was $491,2 in de jaren 2010s, en was vergelijkbaar met Wit-Rusland (US$495,0), de Caraïben (US$497,1), de Seychellen (US$482,9). De constructie per hoofd in Polynesië was 14,1% lager dan de constructie per hoofd van de bevolking in de wereld ($572,1), en was in 6,5 keer lager dan de constructie per hoofd van de bevolking in Oceanië ($572,1).

De groei van de constructie in Polynesië bedroeg -1.3% in de jaren 2010. De groei van de constructie in Polynesië (-1,3%) was minder dan de groei van de constructie in de wereld (2,9%), was minder dan de groei van de constructie in Oceanië (1,7%).

Vergelijking met subregio's. De sector van de constructie in Polynesië was 5,4 keer groter dan in Micronesië (US$54,0 miljoen); maar 413,7 keer minder dan in Australazië (US$121,1 miljard) en 10,4 keer minder dan in Melanesië (US$3,0 miljard). De toegevoegde waarde van de constructie per hoofd in Polynesië was in Polynesië62,3% groter dan in Melanesië (US$302,7) en 2,8 keer groter dan in Micronesië (US$177,7); maar 8,7 keer minder dan in Australazië (US$4,3 duizend). De groei van de constructie in Polynesië was minder dan in Melanesië (3,4%), in Micronesië (2,8%) en in Australazië (1,7%).

Leiders. De toegevoegde waarde van de constructie in Polynesië in de jaren 2010 bestond uit: Frans-Polynesië (66,9%), Samoa (17,4%), Tonga (11,1%), Cookeilanden (3,3%), Tuvalu (1,3%). Het aandeel van de constructie in economie van de leiders: Tuvalu (10,0%), Tonga (8,6%), Samoa (6,5%), Frans-Polynesië (3,7%) en Cookeilanden (3,4%). De sector van de constructie per hoofd in Polynesië onder de leiders: Frans-Polynesië ($718,6), Cookeilanden ($536,1), Tuvalu ($340,2), Tonga ($318,0) en Samoa ($265,7). De groei van de constructie onder de leiders: Tuvalu (11,3%), Cookeilanden (5,1%), Samoa (4,3%), Tonga (0,21%) en Frans-Polynesië (-3,4%).

Hoofdstuk VII. Vervoer

Transport, opslag en communicatie (ISIC I)

Het transport van Polynesië steeg van US$68,6 miljoen per jaar in de jaren 1970 tot US$758,0 miljoen per jaar in de jaren 2010, dat wil zeggen met US$689,4 miljoen of 11,0 keer. De verandering vond plaats op US$512,3 miljoen als gevolg van een 3,1-voudige stijging van de prijzen, en ook op US$141,8 miljoen als gevolg van een 2,4-voudige toename van de productiviteit , evenals op US$35,2 miljoen als gevolg van de toename van de bevolking. De gemiddelde jaarlijkse groei van het transport is 3,4%. De minimumwaarde van het transport bedroeg US$28,3 miljoen in 1970. De maximumwaarde van het transport bedroeg US$849,0 miljoen in 2018.

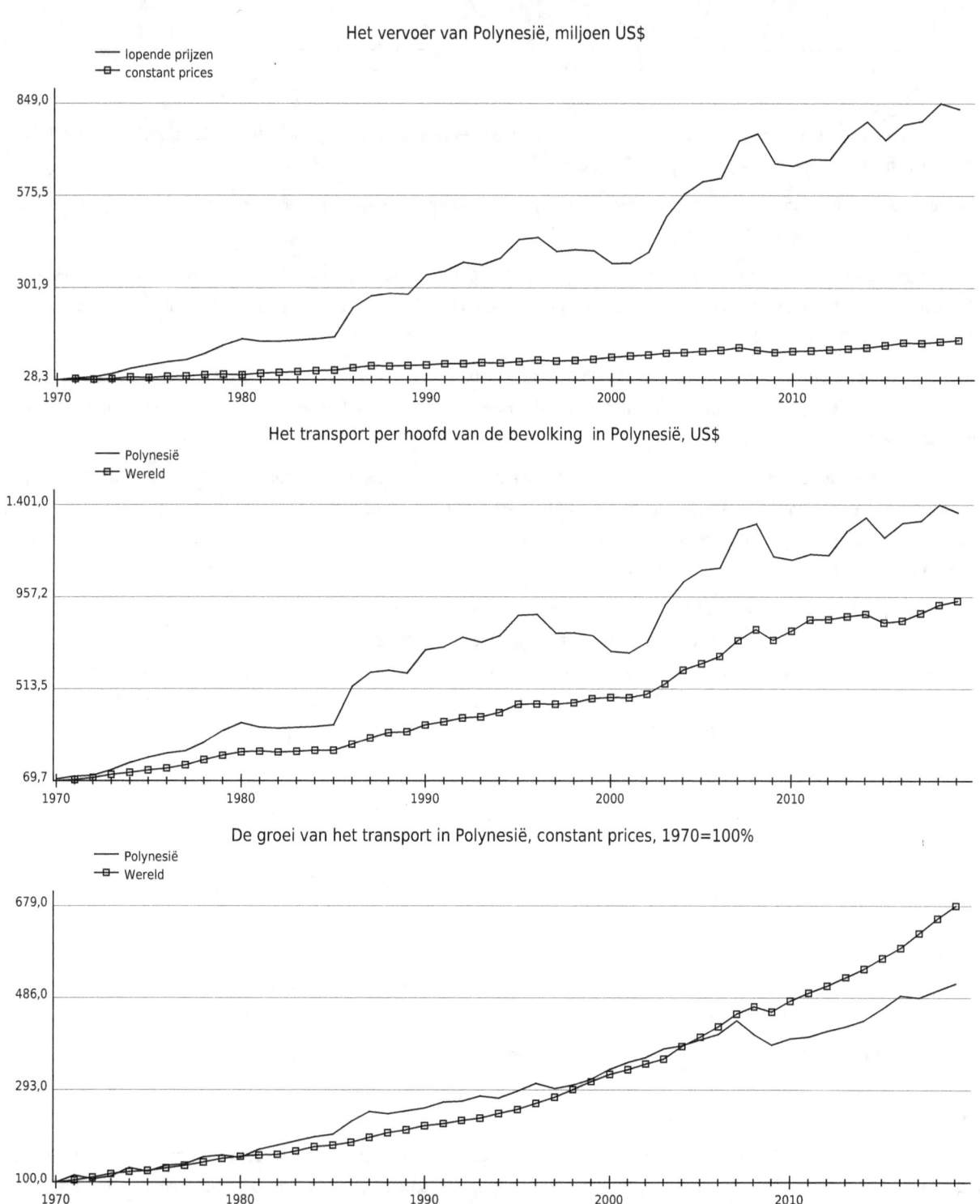

Het vervoer van Polynesië, miljoen US$

Het transport per hoofd van de bevolking in Polynesië, US$

De groei van het transport in Polynesië, constant prices, 1970=100%

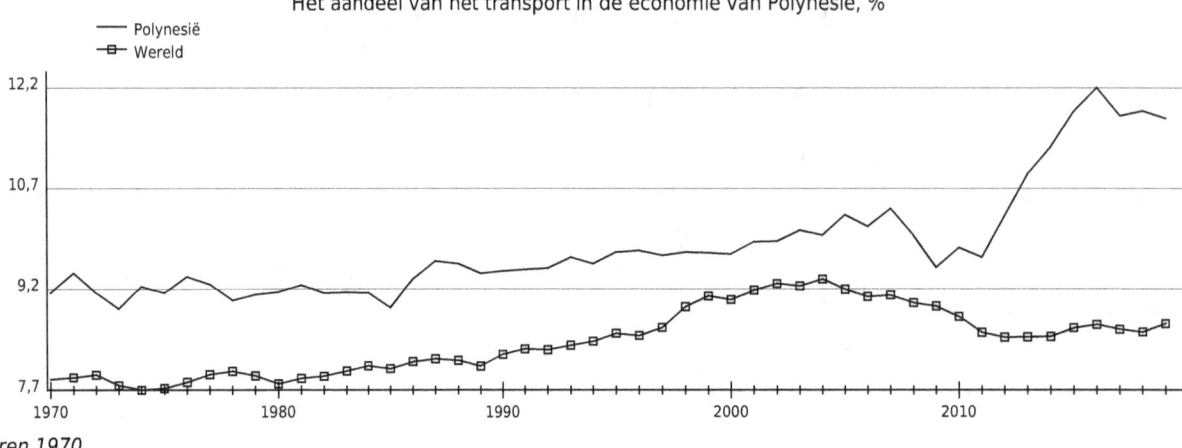

Het aandeel van het transport in de economie van Polynesië, %

de jaren 1970

Het vervoer van Polynesië bedroeg in de jaren 1970 US$68,6 miljoen per jaar, en was vergelijkbaar met El Salvador (US$67,8 miljoen). Het aandeel in de wereld was 0,014%, en 0,76% in Oceanië.

Het aandeel van het transport in de economie van Polynesië was 9,2% in de jaren 1970, en was vergelijkbaar met Nieuw-Zeeland (9,1%), Hongarije (9,1%), Zwitserland (9,1%).

Het vervoer per hoofd in Polynesië was $174,2 in de jaren 1970s. De toegevoegde waarde van het transport per hoofd in Polynesië was 42,5% hoger dan het transport per hoofd van de bevolking in de wereld ($122,3), en was in 2,4 keer lager dan het transport per hoofd van de bevolking in Oceanië ($122,3).

De groei van het transport in Polynesië bedroeg 5.1% in de jaren 1970, en was vergelijkbaar met Portugal (5,1%), Australië (5,1%). De groei van het transport in Polynesië (5,1%) was groter dan de groei van het transport in de wereld (4,6%), was groter dan de groei van het transport in Oceanië (4,9%).

Vergelijking met subregio's. De toegevoegde waarde van het transport in Polynesië was groter dan in Micronesië (US$10,2 miljoen); maar minder dan in Australazië (US$8,6 miljard) en in Melanesië (US$386,9 miljoen). De waarde van het transport per hoofd in Polynesië was in Polynesië groter dan in Melanesië (US$94,4) en in Micronesië (US$62,1); maar minder dan in Australazië (US$514,0). De groei van het transport in Polynesië was groter dan in Australazië (4,9%), in Melanesië (4,0%) en in Micronesië (2,1%).

Leiders. De toegevoegde waarde van het transport in Polynesië in de jaren 1970 bestond uit: Frans-Polynesië (83,9%), Samoa (11,5%), Tonga (2,4%), Cookeilanden (1,8%), Tuvalu (0,40%). Het aandeel van het transport in economie van de leiders: Samoa (10,2%), Frans-Polynesië (9,3%), Tuvalu (8,3%), Cookeilanden (7,4%) en Tonga (5,0%). Het vervoer per hoofd in Polynesië onder de leiders: Frans-Polynesië ($445,7), Cookeilanden ($60,5), Samoa ($52,5), Tuvalu ($43,7) en Tonga ($18,6). De groei van het transport onder de leiders: Tonga (6,8%), Frans-Polynesië (5,6%), Samoa (3,7%), Cookeilanden (-0,94%) en Tuvalu (-1,9%).

de jaren 1980

Het vervoer van Polynesië bedroeg in de jaren 1980 US$197,1 miljoen per jaar. Het aandeel in de wereld was 0,017%, en 0,91% in Oceanië.

Het aandeel van het transport in de economie van Polynesië was 9,3% in de jaren 1980, en was vergelijkbaar met Noord-Amerika (9,3%), Frans-Polynesië (9,3%).

De toegevoegde waarde van het transport per hoofd in Polynesië was $434,5 in de jaren 1980s, en was vergelijkbaar met Andorra (US$429,3). De sector van het transport per hoofd in Polynesië was 79,5% hoger dan het transport per hoofd van de bevolking in de wereld ($242,0), en was in 2,0 keer lager dan het transport per hoofd van de bevolking in Oceanië ($242,0).

De groei van het transport in Polynesië bedroeg 4.8% in de jaren 1980, en was vergelijkbaar met Japan (4,7%), Portugal (4,7%), Sri Lanka (4,8%). De groei van het transport in Polynesië (4,8%) was groter dan de groei van het transport in de wereld (3,4%), was groter dan de groei van het transport in Oceanië (4,2%).

Vergelijking met subregio's. Het transport van Polynesië was groter dan in Micronesië (US$18,6 miljoen); maar minder dan in Australazië (US$20,8 miljard) en in Melanesië (US$568,9 miljoen). De waarde van het transport per hoofd in Polynesië was in

Polynesië groter dan in Melanesië (US$107,8) en in Micronesië (US$89,7); maar minder dan in Australazië (US$1.105,9). De groei van het transport in Polynesië was groter dan in Australazië (4,2%), in Melanesië (2,7%) en in Micronesië (-0,54%).

Leiders. De sector van het transport in Polynesië in de jaren 1980 bestond uit: Frans-Polynesië (89,5%), Samoa (5,5%), Tonga (3,4%), Cookeilanden (1,4%), Tuvalu (0,18%). Het aandeel van het transport in economie van de leiders: Samoa (10,2%), Frans-Polynesië (9,3%), Cookeilanden (8,8%), Tonga (8,0%) en Tuvalu (7,8%). De sector van het transport per hoofd in Polynesië onder de leiders: Frans-Polynesië ($1.010,2), Cookeilanden ($159,9), Tonga ($71,8), Samoa ($67,5) en Tuvalu ($43,7). De groei van het transport onder de leiders: Tonga (7,8%), Cookeilanden (5,5%), Frans-Polynesië (5,4%), Tuvalu (2,2%) en Samoa (-0,33%).

de jaren 1990

De toegevoegde waarde van het transport in Polynesië bedroeg in de jaren 1990 US$395,9 miljoen per jaar, en was vergelijkbaar met Senegal (US$391,8 miljoen), Gabon (US$403,7 miljoen). Het aandeel in de wereld was 0,017%, en 1,0% in Oceanië.

Het aandeel van het transport in de economie van Polynesië was 9,6% in de jaren 1990, en was vergelijkbaar met Hongarije (9,6%), Frans-Polynesië (9,7%), Madagaskar (9,7%).

De sector van het transport per hoofd in Polynesië was $776,7 in de jaren 1990s, en was vergelijkbaar met Bahrein (US$778,3), de Seychellen (US$763,7). Het transport per hoofd in Polynesië was 89,7% hoger dan het transport per hoofd van de bevolking in de wereld ($409,5), en was 41,9% lager dan het transport per hoofd van de bevolking in Oceanië ($409,5).

De groei van het transport in Polynesië bedroeg 2.4% in de jaren 1990, en was vergelijkbaar met Ivoorkust (2,4%), Bulgarije (2,4%), Papoea-Nieuw-Guinea (2,4%). De groei van het transport in Polynesië (2,4%) was minder dan de groei van het transport in de wereld (4,0%), was minder dan de groei van het transport in Oceanië (4,7%).

Vergelijking met subregio's. De toegevoegde waarde van het transport in Polynesië was groter dan in Micronesië (US$39,3 miljoen); maar minder dan in Australazië (US$37,2 miljard) en in Melanesië (US$1,0 miljard). De waarde van het transport per hoofd in Polynesië was in Polynesië groter dan in Melanesië (US$156,5) en in Micronesië (US$151,8); maar minder dan in Australazië (US$1.727,0). De groei van het transport in Polynesië was groter dan in Micronesië (0,19%); maar minder dan in Australazië (4,7%) en in Melanesië (4,2%).

Leiders. De waarde van het transport in Polynesië in de jaren 1990 bestond uit: Frans-Polynesië (89,4%), Samoa (5,0%), Tonga (3,3%), Cookeilanden (2,1%), Tuvalu (0,21%). Het aandeel van het transport in economie van de leiders: Samoa (10,9%), Cookeilanden (9,9%), Frans-Polynesië (9,7%), Tuvalu (7,9%) en Tonga (7,7%). De sector van het transport per hoofd in Polynesië onder de leiders: Frans-Polynesië ($1.630,0), Cookeilanden ($442,7), Tonga ($135,7), Samoa ($118,2) en Tuvalu ($90,9). De groei van het transport onder de leiders: Tuvalu (34,4%), Tonga (7,5%), Cookeilanden (4,9%), Samoa (3,6%) en Frans-Polynesië (1,9%).

de jaren 2000

De sector van het transport in Polynesië bedroeg in de jaren 2000 US$566,2 miljoen per jaar, en was vergelijkbaar met Haïti (US$570,1 miljoen), Congo-Brazzaville (US$556,0 miljoen). Het aandeel in de wereld was 0,014%, en 0,85% in Oceanië.

Het aandeel van het transport in de economie van Polynesië was 10,0% in de jaren 2000, en was vergelijkbaar met Noorwegen (10,0%), Bangladesh (10,0%), Japan (10,0%).

De waarde van het transport per hoofd in Polynesië was $1.003,6 in de jaren 2000s. De waarde van het transport per hoofd in Polynesië was 61,6% hoger dan het transport per hoofd van de bevolking in de wereld ($621,1), en was in 2,0 keer lager dan het transport per hoofd van de bevolking in Oceanië ($621,1).

De groei van het transport in Polynesië bedroeg 2.1% in de jaren 2000. De groei van het transport in Polynesië (2,1%) was minder dan de groei van het transport in de wereld (3,9%), was minder dan de groei van het transport in Oceanië (3,7%).

Vergelijking met subregio's. Het vervoer van Polynesië was groter dan in Micronesië (US$58,8 miljoen); maar minder dan in Australazië (US$65,2 miljard) en in Melanesië (US$1,1 miljard). Het vervoer per hoofd in Polynesië was in Polynesië groter dan in Micronesië (US$209,0) en in Melanesië (US$134,0); maar minder dan in Australazië (US$2,7 duizend). De groei van het transport in Polynesië was groter dan in Melanesië (1,5%) en in Micronesië (0,016%); maar minder dan in Australazië (3,8%).

Leiders. De sector van het transport in Polynesië in de jaren 2000 bestond uit: Frans-Polynesië (84,7%), Samoa (9,5%), Cookeilanden (3,1%), Tonga (2,4%), Tuvalu (0,29%). Het aandeel van het transport in economie van de leiders: Samoa (12,4%), Cookeilanden

(11,3%), Frans-Polynesië (9,9%), Tuvalu (8,4%) en Tonga (6,5%). De toegevoegde waarde van het transport per hoofd in Polynesië onder de leiders: Frans-Polynesië ($1.876,1), Cookeilanden ($934,4), Samoa ($300,7), Tuvalu ($168,2) en Tonga ($137,0). De groei van het transport onder de leiders: Cookeilanden (7,4%), Samoa (4,8%), Frans-Polynesië (1,6%), Tuvalu (0,49%) en Tonga (-1,9%).

de jaren 2010

De toegevoegde waarde van het transport in Polynesië bedroeg in de jaren 2010 US$758,0 miljoen per jaar, en was vergelijkbaar met Noord-Macedonië (US$770,6 miljoen). Het aandeel in de wereld was 0,012%, en 0,63% in Oceanië.

Het aandeel van het transport in de economie van Polynesië was 11,2% in de jaren 2010, en was vergelijkbaar met Palau (11,2%), West-Afrika (11,1%), Tsjechië (11,1%).

De sector van het transport per hoofd in Polynesië was $1.271,6 in de jaren 2010s, en was vergelijkbaar met Polen (US$1.257,0), Saoedi-Arabië (US$1.247,0). De waarde van het transport per hoofd in Polynesië was 47,0% hoger dan het transport per hoofd van de bevolking in de wereld ($864,8), en was in 2,4 keer lager dan het transport per hoofd van de bevolking in Oceanië ($864,8).

De groei van het transport in Polynesië bedroeg 2.9% in de jaren 2010, en was vergelijkbaar met Bosnië en Herzegovina (2,9%). De groei van het transport in Polynesië (2,9%) was minder dan de groei van het transport in de wereld (4,0%), was groter dan de groei van het transport in Oceanië (2,3%).

Vergelijking met subregio's. De toegevoegde waarde van het transport in Polynesië was 7,6 keer groter dan in Micronesië (US$99,5 miljoen); maar 154,8 keer minder dan in Australazië (US$117,4 miljard) en 2,8 keer minder dan in Melanesië (US$2,1 miljard). Het vervoer per hoofd in Polynesië was in Polynesië3,9 keer groter dan in Micronesië (US$327,4) en 5,9 keer groter dan in Melanesië (US$214,0); maar 3,3 keer minder dan in Australazië (US$4,1 duizend). De groei van het transport in Polynesië was groter dan in Australazië (2,3%); maar minder dan in Micronesië (6,7%) en in Melanesië (4,1%).

Leiders. De toegevoegde waarde van het transport in Polynesië in de jaren 2010 bestond uit: Frans-Polynesië (80,0%), Samoa (11,3%), Cookeilanden (4,8%), Tonga (3,6%), Tuvalu (0,32%). Het aandeel van het transport in economie van de leiders: Cookeilanden (13,0%), Frans-Polynesië (11,4%), Samoa (10,9%), Tonga (7,1%) en Tuvalu (6,4%). De waarde van het transport per hoofd in Polynesië onder de leiders: Frans-Polynesië ($2.224,8), Cookeilanden ($2.042,8), Samoa ($446,0), Tonga ($264,1) en Tuvalu ($219,2). De groei van het transport onder de leiders: Tuvalu (5,7%), Cookeilanden (4,0%), Tonga (3,9%), Frans-Polynesië (3,2%) en Samoa (0,26%).

Hoofdstuk VIII. Handel

Groothandel, detailhandel, restaurants en hotels (ISIC G-H)

De waarde van de handel in Polynesië steeg van US$111,7 miljoen per jaar in de jaren 1970 tot US$1,1 miljard per jaar in de jaren 2010, dat wil zeggen met US$1,0 miljard of 10,0 keer. De verandering vond plaats op US$785,3 miljoen als gevolg van een 3,3-voudige stijging van de prijzen, en ook op US$165,5 miljoen als gevolg van een 2,0-voudige toename van de productiviteit , evenals op US$57,4 miljoen als gevolg van de toename van de bevolking. De gemiddelde jaarlijkse groei van de handel is 3,1%. De minimumwaarde van de handel bedroeg US$45,4 miljoen in 1970. De maximumwaarde van de handel bedroeg US$1,3 miljard in 2008.

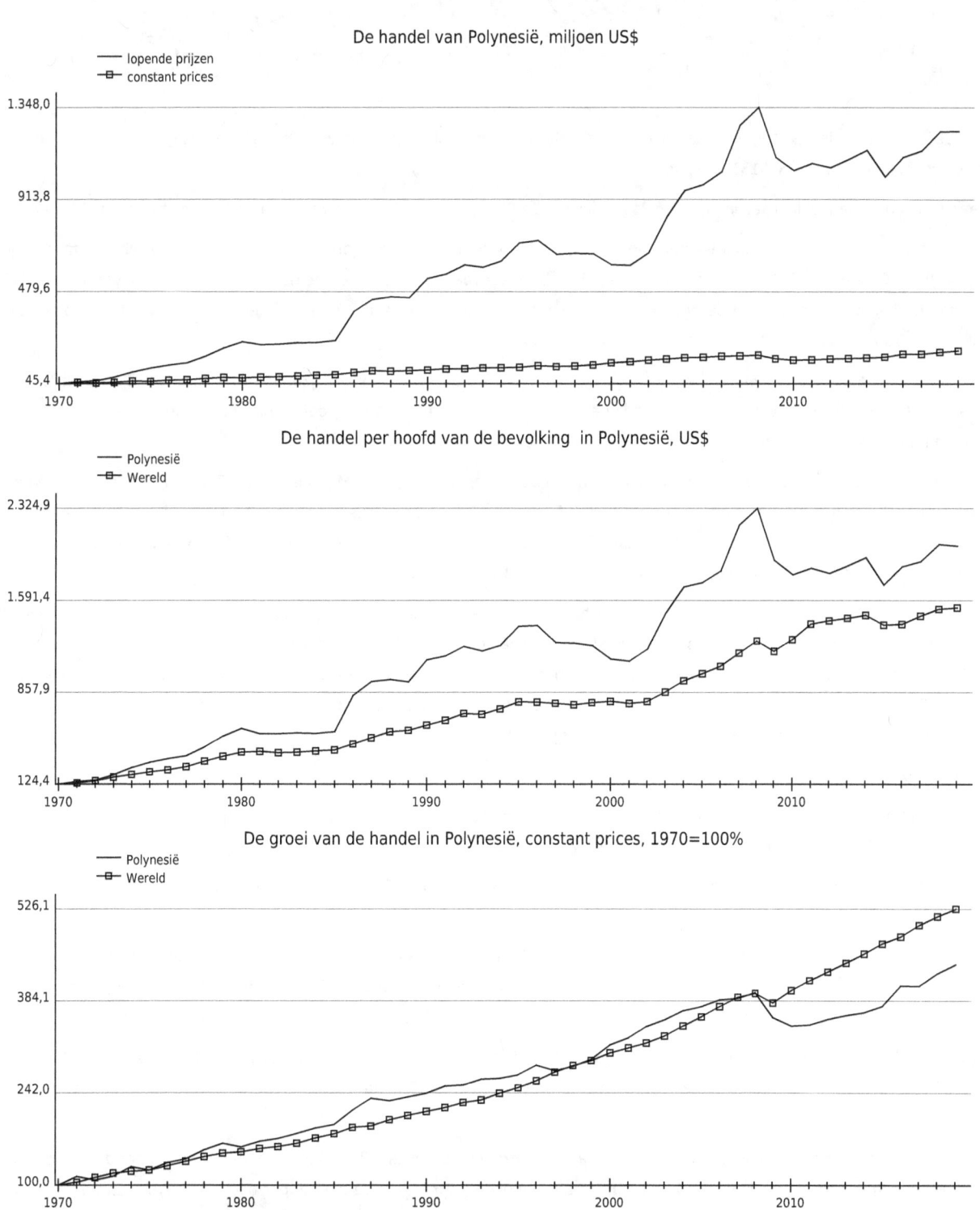

De handel van Polynesië, miljoen US$

De handel per hoofd van de bevolking in Polynesië, US$

De groei van de handel in Polynesië, constant prices, 1970=100%

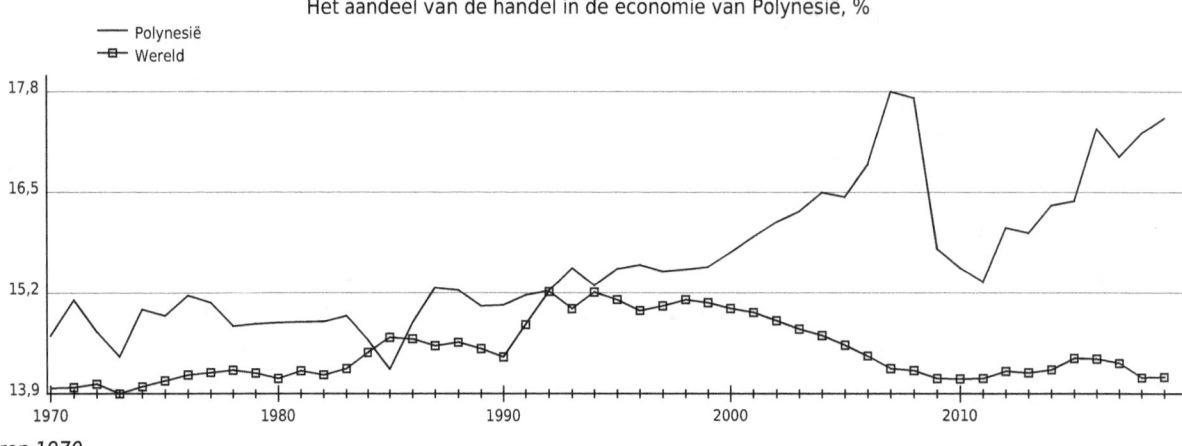

Het aandeel van de handel in de economie van Polynesië, %

de jaren 1970

De handel van Polynesië bedroeg in de jaren 1970 US$111,7 miljoen per jaar, en was vergelijkbaar met Guyana (US$109,8 miljoen). Het aandeel in de wereld was 0,013%, en 0,88% in Oceanië.

Het aandeel van de handel in de economie van Polynesië was 14,9% in de jaren 1970, en was vergelijkbaar met Zambia (14,8%).

De toegevoegde waarde van de handel per hoofd in Polynesië was $283,6 in de jaren 1970s, en was vergelijkbaar met Anguilla (US$284,9), de Caraïben (US$281,9), Suriname (US$286,2). De toegevoegde waarde van de handel per hoofd in Polynesië was 28,3% hoger dan de handel per hoofd van de bevolking in de wereld ($221,0), en was in 2,1 keer lager dan de handel per hoofd van de bevolking in Oceanië ($221,0).

De groei van de handel in Polynesië bedroeg 5.7% in de jaren 1970, en was vergelijkbaar met Mongolië (5,6%), Haïti (5,7%), Griekenland (5,7%). De groei van de handel in Polynesië (5,7%) was groter dan de groei van de handel in de wereld (4,5%), was groter dan de groei van de handel in Oceanië (1,6%).

Vergelijking met subregio's. De waarde van de handel in Polynesië was groter dan in Micronesië (US$21,5 miljoen); maar minder dan in Australazië (US$11,8 miljard) en in Melanesië (US$847,5 miljoen). De sector van de handel per hoofd in Polynesië was in Polynesië groter dan in Melanesië (US$206,7) en in Micronesië (US$131,2); maar minder dan in Australazië (US$705,3). De groei van de handel in Polynesië was groter dan in Micronesië (2,2%), in Australazië (1,6%) en in Melanesië (1,2%).

Leiders. De handel van Polynesië in de jaren 1970 bestond uit: Frans-Polynesië (81,3%), Samoa (10,9%), Tonga (3,8%), Cookeilanden (3,7%), Tuvalu (0,28%). Het aandeel van de handel in economie van de leiders: Cookeilanden (25,1%), Samoa (15,8%), Frans-Polynesië (14,6%), Tonga (13,1%) en Tuvalu (9,5%). De handel per hoofd in Polynesië onder de leiders: Frans-Polynesië ($702,4), Cookeilanden ($204,0), Samoa ($81,5), Tuvalu ($50,1) en Tonga ($48,6). De groei van de handel onder de leiders: Cookeilanden (9,5%), Frans-Polynesië (6,3%), Samoa (3,7%), Tonga (3,0%) en Tuvalu (-1,9%).

de jaren 1980

De sector van de handel in Polynesië bedroeg in de jaren 1980 US$316,0 miljoen per jaar, en was vergelijkbaar met Gabon (US$313,4 miljoen). Het aandeel in de wereld was 0,015%, en 1,1% in Oceanië.

Het aandeel van de handel in de economie van Polynesië was 14,9% in de jaren 1980, en was vergelijkbaar met Denemarken (15,0%), Palau (15,0%).

De waarde van de handel per hoofd in Polynesië was $696,8 in de jaren 1980s, en was vergelijkbaar met Gambia (US$694,4), Cuba (US$702,2), Mexico (US$703,8). De waarde van de handel per hoofd in Polynesië was 59,2% hoger dan de handel per hoofd van de bevolking in de wereld ($437,7), en was 41,6% lager dan de handel per hoofd van de bevolking in Oceanië ($437,7).

De groei van de handel in Polynesië bedroeg 3.7% in de jaren 1980, en was vergelijkbaar met Brazilië (3,7%). De groei van de handel in Polynesië (3,7%) was groter dan de groei van de handel in de wereld (3,3%), was groter dan de groei van de handel in Oceanië (2,5%).

Vergelijking met subregio's. De handel van Polynesië was groter dan in Micronesië (US$42,9 miljoen); maar minder dan in Australazië (US$27,8 miljard) en in Melanesië (US$1,4 miljard). De toegevoegde waarde van de handel per hoofd in Polynesië was in Polynesië groter dan in Melanesië (US$267,6) en in Micronesië (US$206,5); maar minder dan in Australazië (US$1.476,2). De groei van de handel in Polynesië was groter dan in Melanesië (2,7%), in Australazië (2,5%) en in Micronesië (2,0%).

Leiders. De waarde van de handel in Polynesië in de jaren 1980 bestond uit: Frans-Polynesië (88,0%), Samoa (5,3%), Tonga (4,0%), Cookeilanden (2,7%), Tuvalu (0,13%). Het aandeel van de handel in economie van de leiders: Cookeilanden (26,4%), Samoa (15,8%), Tonga (14,7%), Frans-Polynesië (14,7%) en Tuvalu (8,9%). De waarde van de handel per hoofd in Polynesië onder de leiders: Frans-Polynesië ($1.592,2), Cookeilanden ($478,6), Tonga ($133,1), Samoa ($104,7) en Tuvalu ($50,0). De groei van de handel onder de leiders: Tonga (5,3%), Frans-Polynesië (4,9%), Tuvalu (2,2%), Cookeilanden (-0,21%) en Samoa (-0,33%).

de jaren 1990

De handel van Polynesië bedroeg in de jaren 1990 US$633,0 miljoen per jaar, en was vergelijkbaar met Qatar (US$639,6 miljoen), Mozambique (US$622,8 miljoen). Het aandeel in de wereld was 0,015%, en 1,1% in Oceanië.

Het aandeel van de handel in de economie van Polynesië was 15,4% in de jaren 1990, en was vergelijkbaar met Paraguay (15,4%), de Verenigde Staten (15,4%), Azië (15,3%).

De sector van de handel per hoofd in Polynesië was $1.241,9 in de jaren 1990s, en was vergelijkbaar met Qatar (US$1.239,4), Saint Lucia (US$1.236,7), Montserrat (US$1.256,4). De sector van de handel per hoofd in Polynesië was 72,1% hoger dan de handel per hoofd van de bevolking in de wereld ($721,8), en was 35,2% lager dan de handel per hoofd van de bevolking in Oceanië ($721,8).

De groei van de handel in Polynesië bedroeg 2.2% in de jaren 1990, en was vergelijkbaar met Rwanda (2,2%), Haïti (2,3%). De groei van de handel in Polynesië (2,2%) was minder dan de groei van de handel in de wereld (3,5%), was minder dan de groei van de handel in Oceanië (3,3%).

Vergelijking met subregio's. De waarde van de handel in Polynesië was groter dan in Micronesië (US$88,5 miljoen); maar minder dan in Australazië (US$52,5 miljard) en in Melanesië (US$2,2 miljard). De handel per hoofd in Polynesië was in Polynesië groter dan in Micronesië (US$341,5) en in Melanesië (US$327,4); maar minder dan in Australazië (US$2,4 duizend). De groei van de handel in Polynesië was groter dan in Micronesië (-0,091%) en in Melanesië (-1,6%); maar minder dan in Australazië (3,5%).

Leiders. De toegevoegde waarde van de handel in Polynesië in de jaren 1990 bestond uit: Frans-Polynesië (88,1%), Samoa (5,0%), Cookeilanden (3,6%), Tonga (3,2%), Tuvalu (0,15%). Het aandeel van de handel in economie van de leiders: Cookeilanden (27,0%), Samoa (17,2%), Frans-Polynesië (15,3%), Tonga (12,0%) en Tuvalu (9,0%). De handel per hoofd in Polynesië onder de leiders: Frans-Polynesië ($2.569,0), Cookeilanden ($1.210,4), Tonga ($211,1), Samoa ($187,1) en Tuvalu ($104,3). De groei van de handel onder de leiders: Cookeilanden (5,2%), Tuvalu (3,3%), Samoa (3,3%), Frans-Polynesië (1,9%) en Tonga (1,2%).

de jaren 2000

De handel van Polynesië bedroeg in de jaren 2000 US$941,5 miljoen per jaar, en was vergelijkbaar met Malta (US$961,9 miljoen). Het aandeel in de wereld was 0,015%, en 0,97% in Oceanië.

Het aandeel van de handel in de economie van Polynesië was 16,7% in de jaren 2000, en was vergelijkbaar met Zuid-Europa (16,7%), Nicaragua (16,7%), Japan (16,5%).

De waarde van de handel per hoofd in Polynesië was $1.669,0 in de jaren 2000s, en was vergelijkbaar met Koeweit (US$1.653,0), Tsjechië (US$1.645,7). De waarde van de handel per hoofd in Polynesië was 68,5% hoger dan de handel per hoofd van de bevolking in de wereld ($990,3), en was 42,9% lager dan de handel per hoofd van de bevolking in Oceanië ($990,3).

De groei van de handel in Polynesië bedroeg 2% in de jaren 2000, en was vergelijkbaar met Monaco (2,0%), Spanje (2,0%). De groei van de handel in Polynesië (2,0%) was minder dan de groei van de handel in de wereld (2,7%), was minder dan de groei van de handel in Oceanië (3,0%).

Vergelijking met subregio's. De toegevoegde waarde van de handel in Polynesië was groter dan in Micronesië (US$112,6 miljoen); maar minder dan in Australazië (US$94,1 miljard) en in Melanesië (US$2,2 miljard). De handel per hoofd in Polynesië was in Polynesië groter dan in Micronesië (US$400,5) en in Melanesië (US$271,0); maar minder dan in Australazië (US$3,9 duizend). De groei van de handel in Polynesië was groter dan in Micronesië (-0,39%); maar minder dan in Melanesië (4,2%) en in Australazië (3,0%).

Leiders. De sector van de handel in Polynesië in de jaren 2000 bestond uit: Frans-Polynesië (79,8%), Samoa (11,9%), Cookeilanden (5,4%), Tonga (2,7%), Tuvalu (0,22%). Het aandeel van de handel in economie van de leiders: Cookeilanden (33,1%), Samoa (25,8%),

Frans-Polynesië (15,5%), Tonga (11,8%) en Tuvalu (10,5%). De handel per hoofd in Polynesië onder de leiders: Frans-Polynesië ($2.939,4), Cookeilanden ($2.744,8), Samoa ($624,5), Tonga ($250,7) en Tuvalu ($210,3). De groei van de handel onder de leiders: Samoa (6,0%), Cookeilanden (4,1%), Tonga (2,9%), Frans-Polynesië (0,68%) en Tuvalu (-4,3%).

de jaren 2010

De handel van Polynesië bedroeg in de jaren 2010 US$1,1 miljard per jaar. Het aandeel in de wereld was 0,011%, en 0,63% in Oceanië.

Het aandeel van de handel in de economie van Polynesië was 16,5% in de jaren 2010, en was vergelijkbaar met Laos (16,5%), Tsjaad (16,5%), Letland (16,6%).

De handel per hoofd in Polynesië was $1.878,6 in de jaren 2010s, en was vergelijkbaar met Argentinië (US$1.913,5), Rusland (US$1.914,6). De sector van de handel per hoofd in Polynesië was 30,8% hoger dan de handel per hoofd van de bevolking in de wereld ($1.436,8), en was in 2,4 keer lager dan de handel per hoofd van de bevolking in Oceanië ($1.436,8).

De groei van de handel in Polynesië bedroeg 2.1% in de jaren 2010, en was vergelijkbaar met Melanesië (2,1%), Jordanië (2,1%), Amerika (2,1%). De groei van de handel in Polynesië (2,1%) was minder dan de groei van de handel in de wereld (3,3%), was groter dan de groei van de handel in Oceanië (2,0%).

Vergelijking met subregio's. De handel van Polynesië was 6,4 keer groter dan in Micronesië (US$176,1 miljoen); maar 154,1 keer minder dan in Australazië (US$172,6 miljard) en 4,2 keer minder dan in Melanesië (US$4,7 miljard). De sector van de handel per hoofd in Polynesië was in Polynesië3,2 keer groter dan in Micronesië (US$579,5) en 4,0 keer groter dan in Melanesië (US$471,1); maar 3,2 keer minder dan in Australazië (US$6,1 duizend). De groei van de handel in Polynesië was groter dan in Melanesië (2,1%) en in Australazië (2,0%); maar minder dan in Micronesië (3,0%).

Leiders. De sector van de handel in Polynesië in de jaren 2010 bestond uit: Frans-Polynesië (63,7%), Samoa (23,0%), Cookeilanden (8,2%), Tonga (4,9%), Tuvalu (0,31%). Het aandeel van de handel in economie van de leiders: Cookeilanden (32,8%), Samoa (32,7%), Tonga (14,4%), Frans-Polynesië (13,4%) en Tuvalu (9,2%). De sector van de handel per hoofd in Polynesië onder de leiders: Cookeilanden ($5.135,5), Frans-Polynesië ($2.615,5), Samoa ($1.339,1), Tonga ($534,0) en Tuvalu ($313,6). De groei van de handel onder de leiders: Cookeilanden (5,5%), Tonga (3,9%), Tuvalu (3,4%), Samoa (2,3%) en Frans-Polynesië (1,4%).

Hoofdstuk IX. Diensten

(ISIC J-P)

De sector van de diensten in Polynesië steeg van US$372,1 miljoen per jaar in de jaren 1970 tot US$3,7 miljard per jaar in de jaren 2010, dat wil zeggen met US$3,3 miljard of 9,9 keer. De verandering vond plaats op US$2,5 miljard als gevolg van een 3,0-voudige stijging van de prijzen, en ook op US$681,9 miljoen als gevolg van een 2,2-voudige toename van de productiviteit , evenals op US$191,0 miljoen als gevolg van de toename van de bevolking. De gemiddelde jaarlijkse groei van de diensten is 3,1%. De minimumwaarde van de diensten bedroeg US$150,2 miljoen in 1970. De maximumwaarde van de diensten bedroeg US$4,2 miljard in 2008.

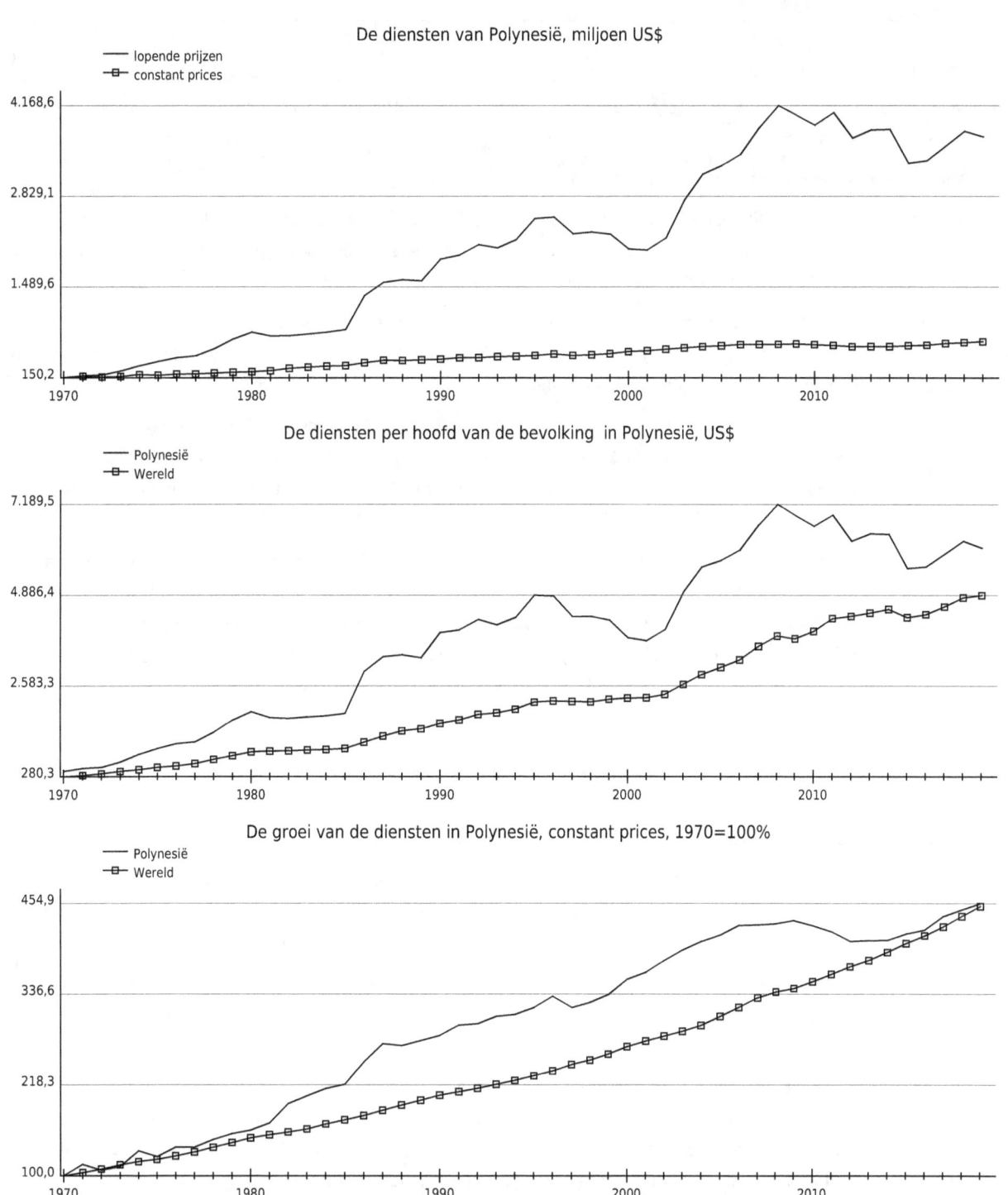

De diensten van Polynesië, miljoen US$

De diensten per hoofd van de bevolking in Polynesië, US$

De groei van de diensten in Polynesië, constant prices, 1970=100%

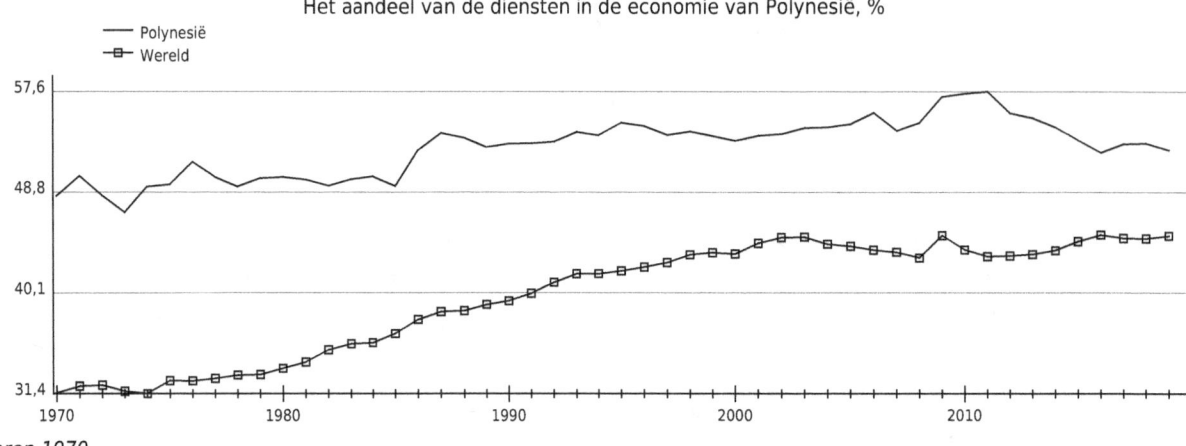

Het aandeel van de diensten in de economie van Polynesië, %

de jaren 1970

De toegevoegde waarde van de diensten in Polynesië bedroeg in de jaren 1970 US$372,1 miljoen per jaar. Het aandeel in de wereld was 0,018%, en 0,94% in Oceanië.

Het aandeel van de diensten in de economie van Polynesië was 49,6% in de jaren 1970.

De diensten per hoofd in Polynesië waren $944,7 in de jaren 1970s, en waren vergelijkbaar met de Turks- en Caicoseilanden (US$938,5), Gabon (US$962,4). De waarde van de diensten per hoofd in Polynesië was 86,4% hoger dan de diensten per hoofd van de bevolking in de wereld ($506,9), en was 48,9% lager dan de diensten per hoofd van de bevolking in Oceanië ($506,9).

De groei van de diensten in Polynesië bedroeg 5% in de jaren 1970, en was vergelijkbaar met Tsjecho-Slowakije (4,9%), Costa Rica (5,0%), de Filipijnen (5,0%). De groei van de diensten in Polynesië (5,0%) was groter dan de groei van de diensten in de wereld (4,1%), was groter dan de groei van de diensten in Oceanië (4,0%).

Vergelijking met subregio's. De sector van de diensten in Polynesië was groter dan in Micronesië (US$49,5 miljoen); maar minder dan in Australazië (US$37,7 miljard) en in Melanesië (US$1,3 miljard). De waarde van de diensten per hoofd in Polynesië was in Polynesië groter dan in Melanesië (US$308,0) en in Micronesië (US$302,7); maar minder dan in Australazië (US$2,3 duizend). De groei van de diensten in Polynesië was groter dan in Melanesië (4,7%), in Australazië (4,0%) en in Micronesië (2,3%).

Leiders. De sector van de diensten in Polynesië in de jaren 1970 bestond uit: Frans-Polynesië (89,8%), Samoa (6,0%), Tonga (2,2%), Cookeilanden (1,5%), Tuvalu (0,43%). Het aandeel van de diensten in economie van de leiders: Frans-Polynesië (53,9%), Tuvalu (48,8%), Cookeilanden (35,0%), Samoa (29,0%) en Tonga (24,6%). De sector van de diensten per hoofd in Polynesië onder de leiders: Frans-Polynesië ($2.586,2), Cookeilanden ($284,5), Tuvalu ($256,7), Samoa ($149,8) en Tonga ($91,0). De groei van de diensten onder de leiders: Frans-Polynesië (5,3%), Tonga (3,9%), Samoa (3,7%), Cookeilanden (2,3%) en Tuvalu (-1,9%).

de jaren 1980

De diensten van Polynesië bedroegen in de jaren 1980 US$1,1 miljard per jaar. Het aandeel in de wereld was 0,020%, en 1,1% in Oceanië.

Het aandeel van de diensten in de economie van Polynesië was 51,7% in de jaren 1980.

De waarde van de diensten per hoofd in Polynesië was $2.409,7 in de jaren 1980s, en was vergelijkbaar met Singapore (US$2,4 duizend), Europa (US$2,4 duizend). De diensten per hoofd in Polynesië waren in 2,2 keer hoger dan de diensten per hoofd van de bevolking in de wereld ($1.115,5), en waren 38,8% lager dan de diensten per hoofd van de bevolking in Oceanië ($1.115,5).

De groei van de diensten in Polynesië bedroeg 6% in de jaren 1980, en was vergelijkbaar met Marokko (5,9%), Saint Lucia (5,9%). De groei van de diensten in Polynesië (6,0%) was groter dan de groei van de diensten in de wereld (3,3%), was groter dan de groei van de diensten in Oceanië (4,0%).

Vergelijking met subregio's. De diensten van Polynesië waren groter dan in Micronesië (US$111,9 miljoen); maar minder dan in Australazië (US$93,3 miljard) en in Melanesië (US$3,1 miljard). De diensten per hoofd in Polynesië waren in Polynesië groter dan in Melanesië (US$580,7) en in Micronesië (US$538,7); maar minder dan in Australazië (US$4,9 duizend). De groei van de diensten in Polynesië was groter dan in Australazië (4,0%), in Micronesië (3,0%) en in Melanesië (1,5%).

Leiders. De sector van de diensten in Polynesië in de jaren 1980 bestond uit: Frans-Polynesië (93,7%), Samoa (2,8%), Tonga (1,9%), Cookeilanden (1,5%), Tuvalu (0,19%). Het aandeel van de diensten in economie van de leiders: Frans-Polynesië (54,2%), Cookeilanden (49,6%), Tuvalu (45,7%), Samoa (29,0%) en Tonga (24,3%). De diensten per hoofd in Polynesië onder de leiders: Frans-Polynesië ($5.862,5), Cookeilanden ($901,4), Tuvalu ($256,2), Tonga ($219,0) en Samoa ($192,6). De groei van de diensten onder de leiders: Cookeilanden (8,7%), Frans-Polynesië (6,4%), Tonga (5,6%), Tuvalu (2,2%) en Samoa (-0,32%).

de jaren 1990

De waarde van de diensten in Polynesië bedroeg in de jaren 1990 US$2,2 miljard per jaar, en was vergelijkbaar met Syrië (US$2,2 miljard), Angola (US$2,2 miljard). Het aandeel in de wereld was 0,019%, en 1,2% in Oceanië.

Het aandeel van de diensten in de economie van Polynesië was 53,9% in de jaren 1990.

De sector van de diensten per hoofd in Polynesië was $4.337,4 in de jaren 1990s, en was vergelijkbaar met Griekenland (US$4,3 duizend), de Turks- en Caicoseilanden (US$4,3 duizend). De waarde van de diensten per hoofd in Polynesië was in 2,2 keer hoger dan de diensten per hoofd van de bevolking in de wereld ($2.014,6), en was 32,5% lager dan de diensten per hoofd van de bevolking in Oceanië ($2.014,6).

De groei van de diensten in Polynesië bedroeg 2% in de jaren 1990, en was vergelijkbaar met Zuid-Afrika (2,0%). De groei van de diensten in Polynesië (2,0%) was minder dan de groei van de diensten in de wereld (2,7%), was minder dan de groei van de diensten in Oceanië (3,6%).

Vergelijking met subregio's. De waarde van de diensten in Polynesië was groter dan in Micronesië (US$225,4 miljoen); maar minder dan in Australazië (US$178,7 miljard) en in Melanesië (US$4,5 miljard). De sector van de diensten per hoofd in Polynesië was in Polynesië groter dan in Micronesië (US$870,1) en in Melanesië (US$684,2); maar minder dan in Australazië (US$8,3 duizend). De groei van de diensten in Polynesië was groter dan in Micronesië (0,75%); maar minder dan in Australazië (3,6%) en in Melanesië (3,4%).

Leiders. De sector van de diensten in Polynesië in de jaren 1990 bestond uit: Frans-Polynesië (92,9%), Tonga (2,6%), Samoa (2,5%), Cookeilanden (1,9%), Tuvalu (0,22%). Het aandeel van de diensten in economie van de leiders: Frans-Polynesië (56,2%), Cookeilanden (48,9%), Tuvalu (46,3%), Tonga (33,9%) en Samoa (29,6%). De sector van de diensten per hoofd in Polynesië onder de leiders: Frans-Polynesië ($9.458,8), Cookeilanden ($2.196,1), Tonga ($598,6), Tuvalu ($534,6) en Samoa ($321,8). De groei van de diensten onder de leiders: Tuvalu (7,6%), Samoa (2,8%), Tonga (2,7%), Cookeilanden (2,2%) en Frans-Polynesië (1,9%).

de jaren 2000

De diensten van Polynesië bedroegen in de jaren 2000 US$3,1 miljard per jaar. Het aandeel in de wereld was 0,016%, en 0,84% in Oceanië.

Het aandeel van de diensten in de economie van Polynesië was 54,8% in de jaren 2000.

De diensten per hoofd in Polynesië waren $5.495,1 in de jaren 2000s, en waren vergelijkbaar met Barbados (US$5,5 duizend), Saint Kitts en Nevis (US$5,4 duizend). De toegevoegde waarde van de diensten per hoofd in Polynesië was 82,5% hoger dan de diensten per hoofd van de bevolking in de wereld ($3.011,2), en was in 2,0 keer lager dan de diensten per hoofd van de bevolking in Oceanië ($3.011,2).

De groei van de diensten in Polynesië bedroeg 2.6% in de jaren 2000, en was vergelijkbaar met Saint Lucia (2,5%). De groei van de diensten in Polynesië (2,6%) was minder dan de groei van de diensten in de wereld (2,9%), was minder dan de groei van de diensten in Oceanië (3,2%).

Vergelijking met subregio's. De sector van de diensten in Polynesië was groter dan in Micronesië (US$307,6 miljoen); maar minder dan in Australazië (US$361,0 miljard) en in Melanesië (US$6,1 miljard). De toegevoegde waarde van de diensten per hoofd in Polynesië was in Polynesië groter dan in Micronesië (US$1.093,7) en in Melanesië (US$743,8); maar minder dan in Australazië (US$14,9 duizend). De groei van de diensten in Polynesië was groter dan in Melanesië (2,2%) en in Micronesië (0,90%); maar minder dan in Australazië (3,2%).

Leiders. De diensten Diens Polynesië in de jaren 2000 bestonden uit: Frans-Polynesië (90,8%), Samoa (3,9%), Tonga (2,9%), Cookeilanden (2,1%), Tuvalu (0,31%). Het aandeel van de diensten in economie van de leiders: Frans-Polynesië (58,2%), Tuvalu (49,0%), Cookeilanden (42,4%), Tonga (42,1%) en Samoa (27,7%). De diensten per hoofd in Polynesië onder de leiders: Frans-Polynesië ($11.013,7), Cookeilanden ($3.522,7), Tuvalu ($982,3), Tonga ($892,4) en Samoa ($671,8). De groei van de diensten onder de leiders:

Tuvalu (4,4%), Samoa (4,1%), Cookeilanden (4,0%), Frans-Polynesië (2,5%) en Tonga (0,85%).

de jaren 2010

De toegevoegde waarde van de diensten in Polynesië bedroeg in de jaren 2010 US$3,7 miljard per jaar. Het aandeel in de wereld was 0,011%, en 0,47% in Oceanië.

Het aandeel van de diensten in de economie van Polynesië was 54,5% in de jaren 2010, en was vergelijkbaar met Curaçao (54,3%), Monaco (54,3%), Cyprus (54,7%).

De diensten per hoofd in Polynesië waren $6.208,3 in de jaren 2010s, en waren vergelijkbaar met Uruguay (US$6,3 duizend). De sector van de diensten per hoofd in Polynesië was 39,0% hoger dan de diensten per hoofd van de bevolking in de wereld ($4.467,8), en was in 3,3 keer lager dan de diensten per hoofd van de bevolking in Oceanië ($4.467,8).

De groei van de diensten in Polynesië bedroeg 0.5% in de jaren 2010. De groei van de diensten in Polynesië (0,50%) was minder dan de groei van de diensten in de wereld (2,7%), was minder dan de groei van de diensten in Oceanië (2,9%).

Vergelijking met subregio's. De toegevoegde waarde van de diensten in Polynesië was 8,4 keer groter dan in Micronesië (US$442,5 miljoen); maar 210,0 keer minder dan in Australazië (US$777,2 miljard) en 3,5 keer minder dan in Melanesië (US$12,9 miljard). De waarde van de diensten per hoofd in Polynesië was in Polynesië4,3 keer groter dan in Micronesië (US$1.456,0) en 4,8 keer groter dan in Melanesië (US$1.281,5); maar 4,4 keer minder dan in Australazië (US$27,4 duizend). De groei van de diensten in Polynesië was minder dan in Melanesië (4,1%), in Australazië (2,9%) en in Micronesië (2,0%).

Leiders. De sector van de diensten in Polynesië in de jaren 2010 bestond uit: Frans-Polynesië (86,0%), Samoa (6,3%), Tonga (4,0%), Cookeilanden (3,2%), Tuvalu (0,51%). Het aandeel van de diensten in economie van de leiders: Frans-Polynesië (59,9%), Tuvalu (50,1%), Cookeilanden (42,6%), Tonga (39,1%) en Samoa (29,6%). De waarde van de diensten per hoofd in Polynesië onder de leiders: Frans-Polynesië ($11.674,6), Cookeilanden ($6.683,1), Tuvalu ($1.711,4), Tonga ($1.445,6) en Samoa ($1.209,6). De groei van de diensten onder de leiders: Tuvalu (2,6%), Samoa (2,0%), Cookeilanden (1,1%), Tonga (0,83%) en Frans-Polynesië (0,34%).

Part III. Externe betrekkingen

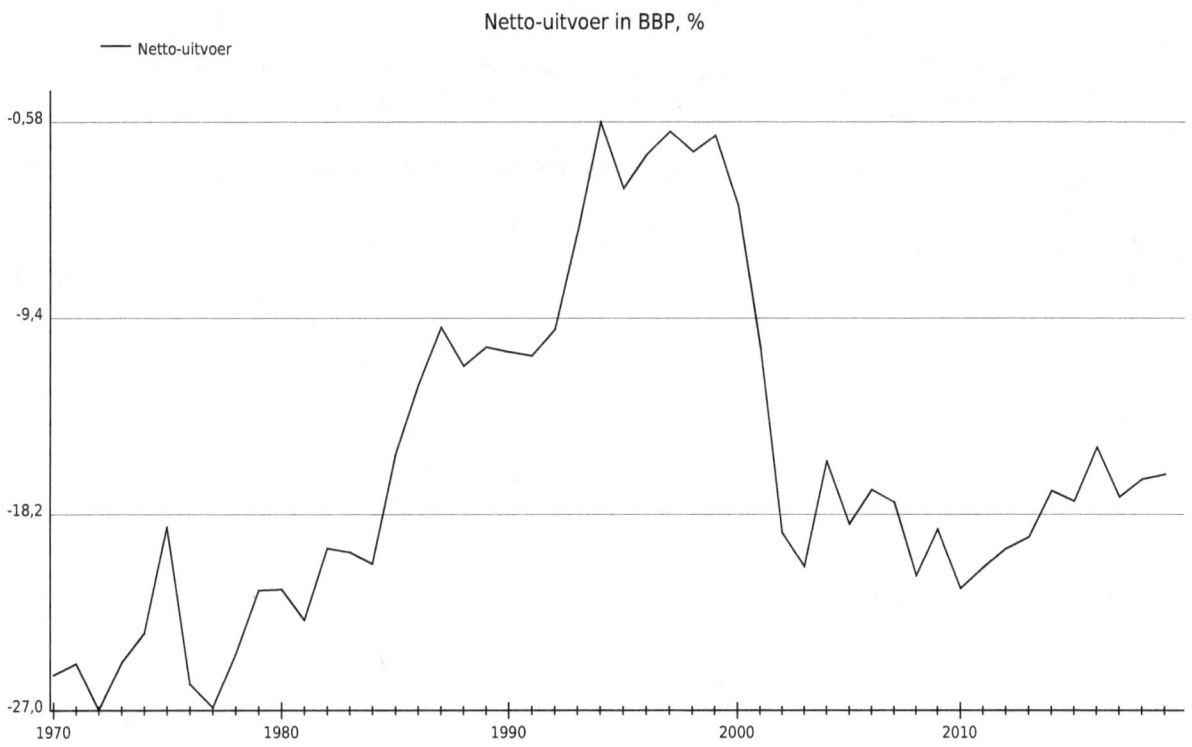

Netto-uitvoer in BBP, %

Netto-uitvoer

Hoofdstuk X. Uitvoer

Uitvoer van goederen en diensten

De uitvoer van Polynesië steeg van US$166,7 miljoen per jaar in de jaren 1970 tot US$1,7 miljard per jaar in de jaren 2010, dat wil zeggen met US$1,6 miljard of 10,4 keer. De verandering vond plaats op US$1,3 miljard als gevolg van een 3,7-voudige stijging van de prijzen, en ook op US$220,8 miljoen als gevolg van een 1,9-voudige toename van het tarief per hoofd , evenals op US$85,6 miljoen als gevolg van de toename van de bevolking. De gemiddelde jaarlijkse groei van de export is 2,3%. De minimumwaarde van de export bedroeg US$101,3 miljoen in 1970. De maximumwaarde van de export bedroeg US$2,0 miljard in 2018.

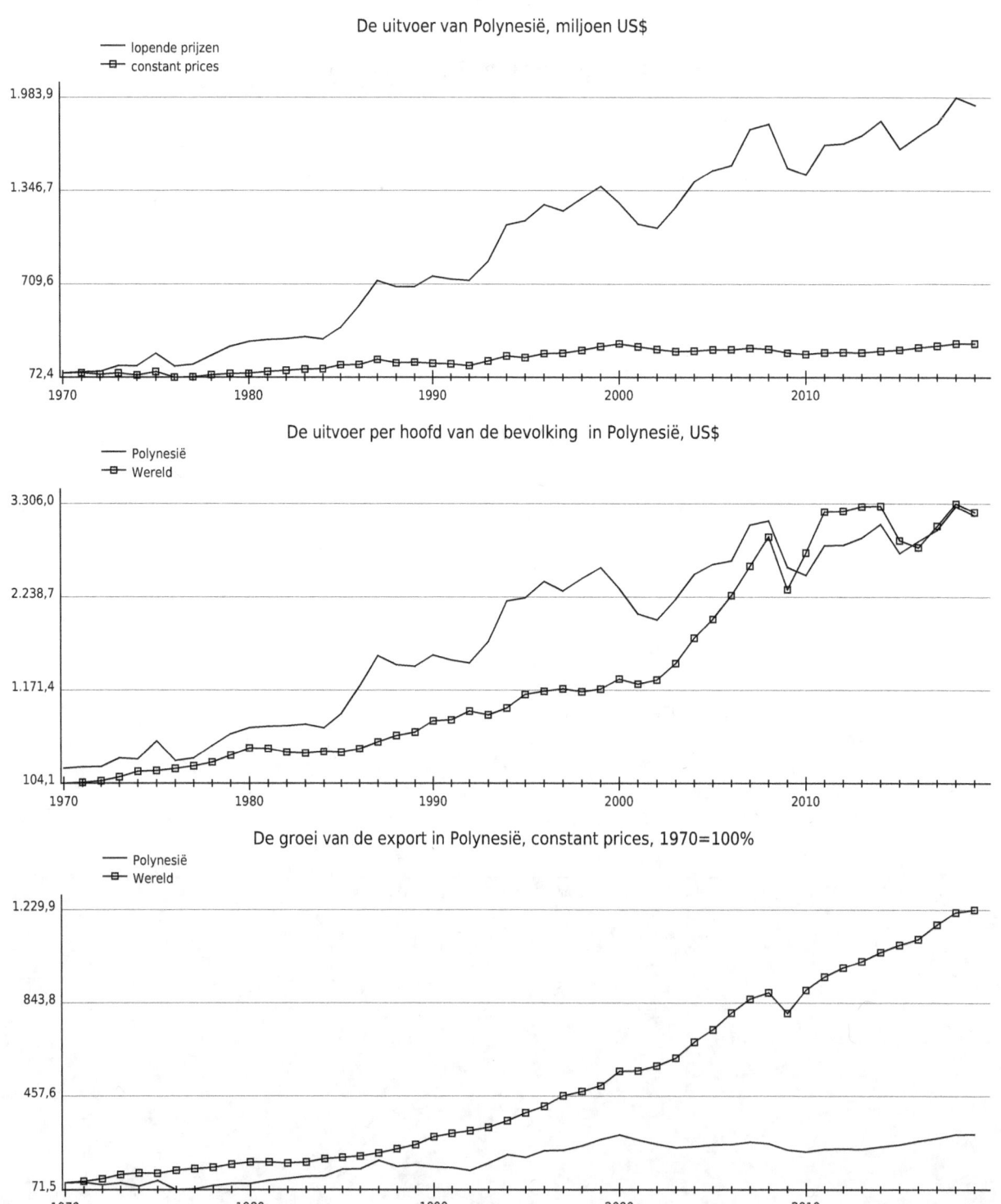

De uitvoer van Polynesië, miljoen US$

De uitvoer per hoofd van de bevolking in Polynesië, US$

De groei van de export in Polynesië, constant prices, 1970=100%

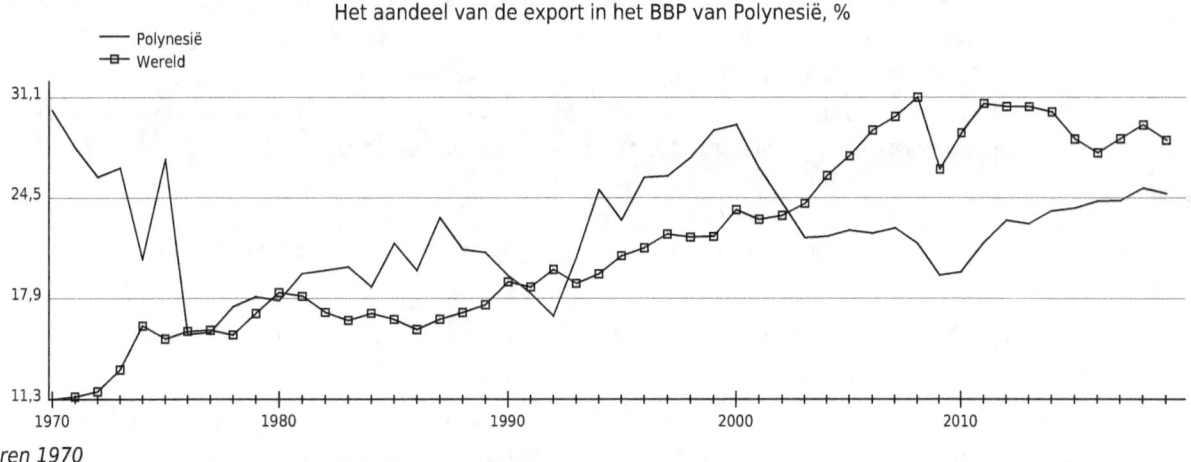

Het aandeel van de export in het BBP van Polynesië, %

de jaren 1970

De uitvoer van Polynesië bedroeg in de jaren 1970 US$166,7 miljoen per jaar, en was vergelijkbaar met Mozambique (US$167,7 miljoen). Het aandeel in de wereld was 0,017%, en 0,89% in Oceanië.

Het aandeel van de export in het BBP van Polynesië was 20,5% in de jaren 1970, en was vergelijkbaar met Peru (20,6%), Marokko (20,3%).

De uitvoer per hoofd in Polynesië was $423,3 in de jaren 1970s, en was vergelijkbaar met Jamaica (US$423,6), Cuba (US$421,7), Griekenland (US$418,4). De waarde van de export per hoofd in Polynesië was 74,9% hoger dan de export per hoofd van de bevolking in de wereld ($242,1), en was in 2,1 keer lager dan de export per hoofd van de bevolking in Oceanië ($242,1).

De groei van de export in Polynesië bedroeg -0.3% in de jaren 1970. De groei van de export in Polynesië (-0,32%) was minder dan de groei van de export in de wereld (6,5%), was minder dan de groei van de export in Oceanië (4,4%).

Vergelijking met subregio's. De waarde van de export in Polynesië was groter dan in Micronesië (US$65,5 miljoen); maar minder dan in Australazië (US$17,1 miljard) en in Melanesië (US$1,5 miljard). De uitvoer per hoofd in Polynesië was in Polynesië groter dan in Micronesië (US$400,6) en in Melanesië (US$370,8); maar minder dan in Australazië (US$1.023,8). De groei van de export in Polynesië was minder dan in Melanesië (6,1%), in Australazië (4,3%) en in Micronesië (3,5%).

Leiders. De uitvoer van Polynesië in de jaren 1970 bestond uit: Frans-Polynesië (74,8%), Samoa (11,9%), Tonga (7,4%), Cookeilanden (5,7%), Tuvalu (0,16%). Het aandeel van de export in BBP van de leiders: Cookeilanden (57,1%), Tonga (32,4%), Samoa (25,7%), Frans-Polynesië (18,4%) en Tuvalu (7,7%). De uitvoer per hoofd in Polynesië onder de leiders: Frans-Polynesië ($965,0), Cookeilanden ($474,5), Tonga ($139,4), Samoa ($132,5) en Tuvalu ($43,3). De groei van de export onder de leiders: Samoa (3,2%), Cookeilanden (0,078%), Tonga (-1,0%), Frans-Polynesië (-1,1%) en Tuvalu (-2,1%).

de jaren 1980

De uitvoer van Polynesië bedroeg in de jaren 1980 US$474,6 miljoen per jaar. Het aandeel in de wereld was 0,019%, en 1,1% in Oceanië.

Het aandeel van de export in het BBP van Polynesië was 20,5% in de jaren 1980, en was vergelijkbaar met Egypte (20,6%), Polen (20,3%), Afrika (20,3%).

De waarde van de export per hoofd in Polynesië was $1.046,5 in de jaren 1980s, en was vergelijkbaar met Griekenland (US$1.032,5). De uitvoer per hoofd in Polynesië was 97,5% hoger dan de export per hoofd van de bevolking in de wereld ($529,9), en was 41,2% lager dan de export per hoofd van de bevolking in Oceanië ($529,9).

De groei van de export in Polynesië bedroeg 5.9% in de jaren 1980. De groei van de export in Polynesië (5,9%) was groter dan de groei van de export in de wereld (3,8%), was groter dan de groei van de export in Oceanië (4,3%).

Vergelijking met subregio's. De waarde van de export in Polynesië was groter dan in Micronesië (US$61,2 miljoen); maar minder dan in Australazië (US$40,6 miljard) en in Melanesië (US$3,0 miljard). De waarde van de export per hoofd in Polynesië was in Polynesië groter dan in Melanesië (US$559,7) en in Micronesië (US$294,5); maar minder dan in Australazië (US$2,2 duizend). De groei van de export in Polynesië was groter dan in Australazië (4,5%), in Melanesië (2,8%) en in Micronesië (-5,4%).

Leiders. De waarde van de export in Polynesië in de jaren 1980 bestond uit: Frans-Polynesië (82,2%), Samoa (6,9%), Cookeilanden (5,8%), Tonga (5,1%), Tuvalu (0,070%). Het aandeel van de export in BBP van de leiders: Cookeilanden (69,6%), Samoa (30,9%), Tonga (24,6%), Frans-Polynesië (18,8%) en Tuvalu (6,6%). De waarde van de export per hoofd in Polynesië onder de leiders: Frans-Polynesië ($2.234,9), Cookeilanden ($1.554,4), Tonga ($257,1), Samoa ($204,3) en Tuvalu ($40,5). De groei van de export onder de leiders: Frans-Polynesië (7,4%), Tonga (5,7%), Samoa (3,6%), Tuvalu (-0,68) en Cookeilanden (-1,7%).

de jaren 1990

De waarde van de export in Polynesië bedroeg in de jaren 1990 US$1,0 miljard per jaar. Het aandeel in de wereld was 0,018%, en 1,2% in Oceanië.

Het aandeel van de export in het BBP van Polynesië was 23,3% in de jaren 1990, en was vergelijkbaar met Sao Tomé en Principe (23,2%), Duitsland (23,4%), Roemenië (23,1%).

De uitvoer per hoofd in Polynesië was $2.057,0 in de jaren 1990s, en was vergelijkbaar met Mauritius (US$2,1 duizend), Estland (US$2,0 duizend). De waarde van de export per hoofd in Polynesië was 99,8% hoger dan de export per hoofd van de bevolking in de wereld ($1.029,5), en was 34,7% lager dan de export per hoofd van de bevolking in Oceanië ($1.029,5).

De groei van de export in Polynesië bedroeg 4.9% in de jaren 1990, en was vergelijkbaar met Denemarken (4,9%). De groei van de export in Polynesië (4,9%) was minder dan de groei van de export in de wereld (6,9%), was minder dan de groei van de export in Oceanië (7,2%).

Vergelijking met subregio's. De uitvoer van Polynesië was groter dan in Micronesië (US$92,8 miljoen); maar minder dan in Australazië (US$84,5 miljard) en in Melanesië (US$5,4 miljard). De waarde van de export per hoofd in Polynesië was in Polynesië groter dan in Melanesië (US$820,7) en in Micronesië (US$358,1); maar minder dan in Australazië (US$3,9 duizend). De groei van de export in Polynesië was groter dan in Melanesië (3,7%) en in Micronesië (-2,6%); maar minder dan in Australazië (7,5%).

Leiders. De waarde van de export in Polynesië in de jaren 1990 bestond uit: Frans-Polynesië (85,7%), Samoa (5,2%), Cookeilanden (5,2%), Tonga (3,9%), Tuvalu (0,033%). Het aandeel van de export in BBP van de leiders: Cookeilanden (56,0%), Samoa (30,0%), Frans-Polynesië (22,4%), Tonga (20,7%) en Tuvalu (3,0%). De waarde van de export per hoofd in Polynesië onder de leiders: Frans-Polynesië ($4.139,7), Cookeilanden ($2.906,1), Tonga ($425,0), Samoa ($323,2) en Tuvalu ($38,1). De groei van de export onder de leiders: Cookeilanden (7,9%), Frans-Polynesië (5,7%), Samoa (0,99%), Tuvalu (-0,77%) en Tonga (-1,5%).

de jaren 2000

De waarde van de export in Polynesië bedroeg in de jaren 2000 US$1,4 miljard per jaar, en was vergelijkbaar met Fiji (US$1,4 miljard). Het aandeel in de wereld was 0,011%, en 0,77% in Oceanië.

Het aandeel van de export in het BBP van Polynesië was 22,7% in de jaren 2000.

De uitvoer per hoofd in Polynesië was $2.514,4 in de jaren 2000s. De waarde van de export per hoofd in Polynesië was 30,0% hoger dan de export per hoofd van de bevolking in de wereld ($1.933,7), en was in 2,2 keer lager dan de export per hoofd van de bevolking in Oceanië ($1.933,7).

De groei van de export in Polynesië bedroeg -1.7% in de jaren 2000, en was vergelijkbaar met Aruba (-1,7%). De groei van de export in Polynesië (-1,7%) was minder dan de groei van de export in de wereld (4,8%), was minder dan de groei van de export in Oceanië (3,0%).

Vergelijking met subregio's. De waarde van de export in Polynesië was groter dan in Micronesië (US$189,4 miljoen); maar minder dan in Australazië (US$173,2 miljard) en in Melanesië (US$8,3 miljard). De waarde van de export per hoofd in Polynesië was in Polynesië groter dan in Melanesië (US$1.019,4) en in Micronesië (US$673,6); maar minder dan in Australazië (US$7,1 duizend). De groei van de export in Polynesië was minder dan in Micronesië (6,3%), in Australazië (3,1%) en in Melanesië (2,4%).

Leiders. De uitvoer van Polynesië in de jaren 2000 bestond uit: Frans-Polynesië (78,7%), Samoa (9,3%), Cookeilanden (9,0%), Tonga (2,8%), Tuvalu (0,18%). Het aandeel van de export in BBP van de leiders: Cookeilanden (72,4%), Samoa (30,4%), Frans-Polynesië (20,8%), Tonga (15,8%) en Tuvalu (12,2%). De uitvoer per hoofd in Polynesië onder de leiders: Cookeilanden ($6.838,4), Frans-Polynesië ($4.370,5), Samoa ($737,7), Tonga ($391,8) en Tuvalu ($259,7). De groei van de export onder de leiders: Tuvalu (18,1%), Cookeilanden (6,1%), Samoa (2,4%), Tonga (-2,5%) en Frans-Polynesië (-3,4%).

de jaren 2010

De uitvoer van Polynesië bedroeg in de jaren 2010 US$1,7 miljard per jaar, en was vergelijkbaar met Nieuw-Caledonië (US$1,8 miljard). Het aandeel in de wereld was 0,0077%, en 0,46% in Oceanië.

Het aandeel van de export in het BBP van Polynesië was 23,3% in de jaren 2010, en was vergelijkbaar met Sierra Leone (23,4%), Uruguay (23,2%).

De uitvoer per hoofd in Polynesië was $2.919,7 in de jaren 2010s, en was vergelijkbaar met Azerbeidzjan (US$2,9 duizend), Centraal-Amerika (US$2,9 duizend), Dominica (US$2,9 duizend). De waarde van de export per hoofd in Polynesië was 5,8% lager dan de export per hoofd van de bevolking in de wereld ($3.098,9), en was in 3,3 keer lager dan de export per hoofd van de bevolking in Oceanië ($3.098,9).

De groei van de export in Polynesië bedroeg 2.5% in de jaren 2010. De groei van de export in Polynesië (2,5%) was minder dan de groei van de export in de wereld (4,4%), was minder dan de groei van de export in Oceanië (3,9%).

Vergelijking met subregio's. De uitvoer van Polynesië was 4,9 keer groter dan in Micronesië (US$357,6 miljoen); maar 205,9 keer minder dan in Australazië (US$358,4 miljard) en 9,4 keer minder dan in Melanesië (US$16,3 miljard). De waarde van de export per hoofd in Polynesië was in Polynesië79,6% groter dan in Melanesië (US$1.626,0) en 2,5 keer groter dan in Micronesië (US$1.176,5); maar 4,3 keer minder dan in Australazië (US$12,7 duizend). De groei van de export in Polynesië was minder dan in Australazië (4,0%), in Melanesië (3,7%) en in Micronesië (2,7%).

Leiders. De uitvoer van Polynesië in de jaren 2010 bestond uit: Frans-Polynesië (65,2%), Cookeilanden (15,3%), Samoa (14,5%), Tonga (4,8%), Tuvalu (0,24%). Het aandeel van de export in BBP van de leiders: Cookeilanden (85,1%), Samoa (32,0%), Frans-Polynesië (19,3%), Tonga (18,9%) en Tuvalu (10,9%). De uitvoer per hoofd in Polynesië onder de leiders: Cookeilanden ($14.930,0), Frans-Polynesië ($4.165,2), Samoa ($1.309,6), Tonga ($815,9) en Tuvalu ($385,4). De groei van de export onder de leiders: Tonga (5,4%), Cookeilanden (4,7%), Tuvalu (3,5%), Frans-Polynesië (1,9%) en Samoa (1,9%).

Hoofdstuk XI. Invoer

Invoer van goederen en diensten

De waarde van de invoer in Polynesië steeg van US$361,3 miljoen per jaar in de jaren 1970 tot US$3,1 miljard per jaar in de jaren 2010, dat wil zeggen met US$2,7 miljard of 8,6 keer. De verandering vond plaats op US$2,3 miljard als gevolg van een 3,8-voudige stijging van de prijzen, en ook op US$266,0 miljoen als gevolg van een 1,5-voudige toename van het tarief per hoofd , evenals op US$185,5 miljoen als gevolg van de toename van de bevolking. De gemiddelde jaarlijkse groei van de invoer is 2,0%. De minimumwaarde van de invoer bedroeg US$186,3 miljoen in 1970. De maximumwaarde van de invoer bedroeg US$3,6 miljard in 2008.

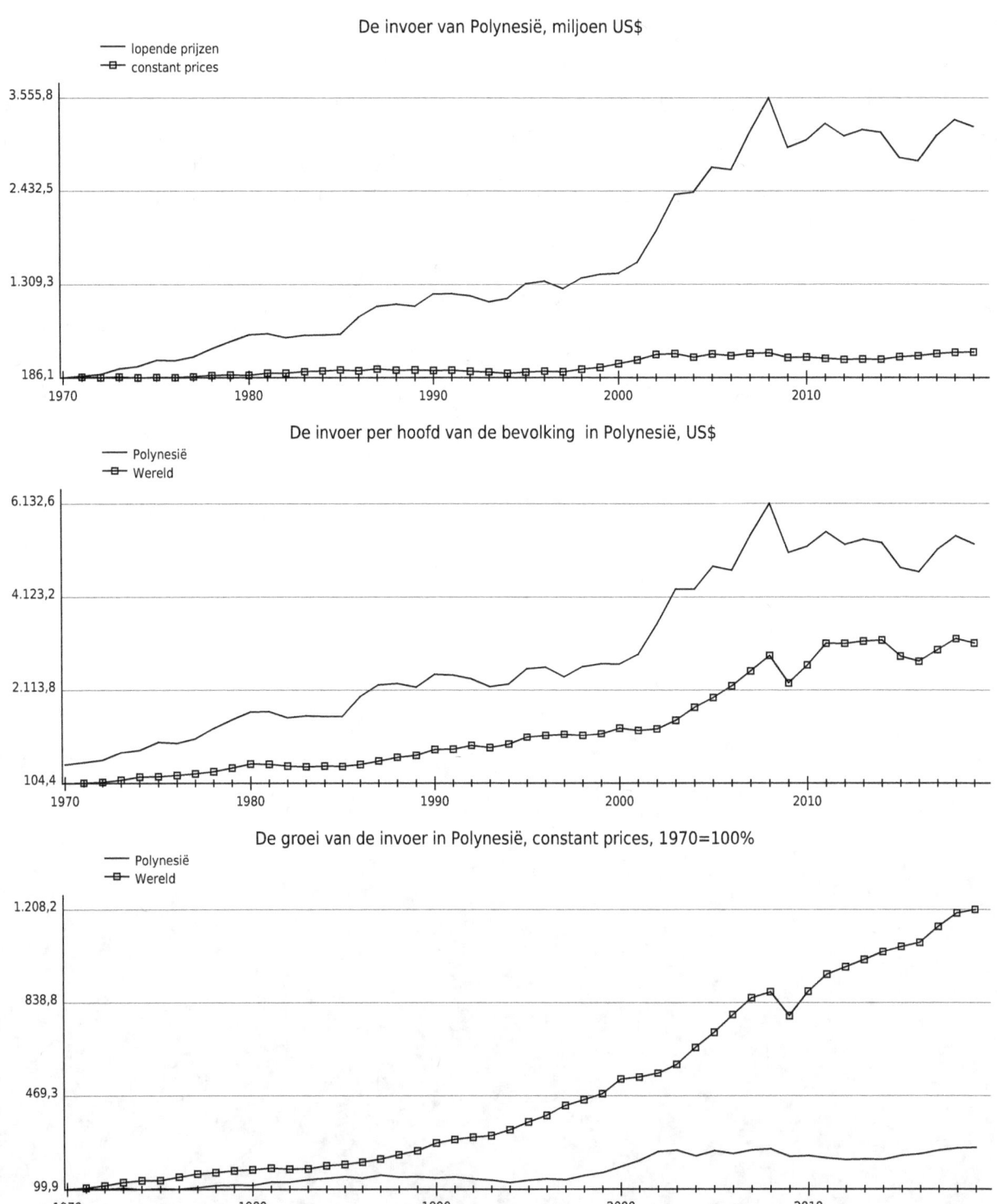

De invoer van Polynesië, miljoen US$

De invoer per hoofd van de bevolking in Polynesië, US$

De groei van de invoer in Polynesië, constant prices, 1970=100%

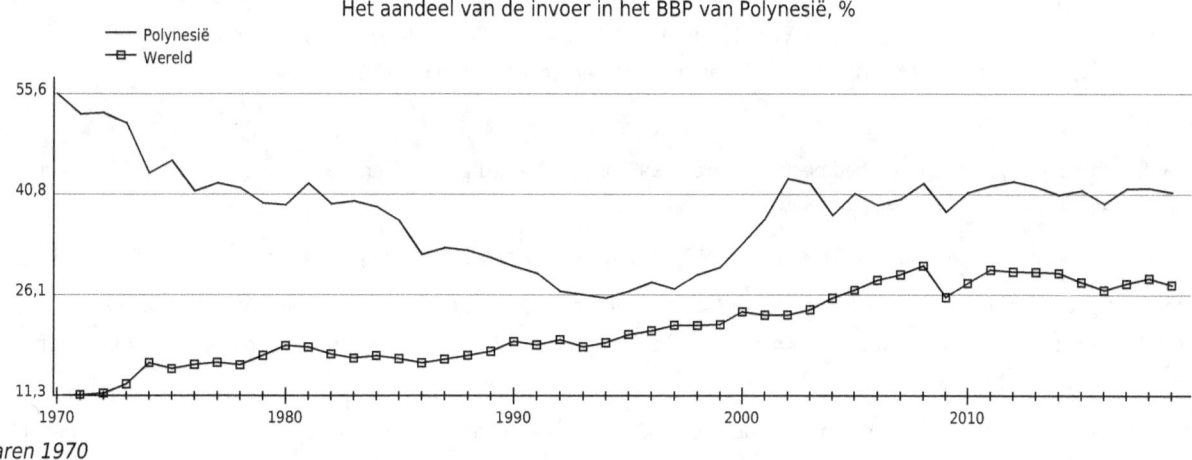

Het aandeel van de invoer in het BBP van Polynesië, %

de jaren 1970

De waarde van de invoer in Polynesië bedroeg in de jaren 1970 US$361,3 miljoen per jaar, en was vergelijkbaar met Liberia (US$354,8 miljoen), Myanmar (US$353,3 miljoen). Het aandeel in de wereld was 0,037%, en 1,9% in Oceanië.

Het aandeel van de invoer in het BBP van Polynesië was 44,4% in de jaren 1970, en was vergelijkbaar met Cuba (44,2%).

De waarde van de invoer per hoofd in Polynesië was $917,2 in de jaren 1970s, en was vergelijkbaar met de Cookeilanden (US$916,2), Oceanië (US$913,9), de Seychellen (US$904,5). De waarde van de invoer per hoofd in Polynesië was in 3,8 keer hoger dan de invoer per hoofd van de bevolking in de wereld ($244,3), en was 0,36% hoger dan de invoer per hoofd van de bevolking in Oceanië ($244,3).

De groei van de invoer in Polynesië bedroeg 1.7% in de jaren 1970. De groei van de invoer in Polynesië (1,7%) was minder dan de groei van de invoer in de wereld (6,3%), was minder dan de groei van de invoer in Oceanië (2,8%).

Vergelijking met subregio's. De waarde van de invoer in Polynesië was groter dan in Micronesië (US$86,6 miljoen); maar minder dan in Australazië (US$17,5 miljard) en in Melanesië (US$1,6 miljard). De invoer per hoofd in Polynesië was in Polynesië groter dan in Micronesië (US$529,2) en in Melanesië (US$383,9); maar minder dan in Australazië (US$1.047,8). De groei van de invoer in Polynesië was groter dan in Melanesië (0,084%); maar minder dan in Micronesië (5,0%) en in Australazië (3,2%).

Leiders. De waarde van de invoer in Polynesië in de jaren 1970 bestond uit: Frans-Polynesië (74,9%), Samoa (12,5%), Tonga (6,8%), Cookeilanden (5,1%), Tuvalu (0,76%). Het aandeel van de invoer in BBP van de leiders: Cookeilanden (110,3%), Tuvalu (77,9%), Tonga (64,3%), Samoa (58,3%) en Frans-Polynesië (39,9%). De invoer per hoofd in Polynesië onder de leiders: Frans-Polynesië ($2.093,7), Cookeilanden ($916,2), Tuvalu ($439,1), Samoa ($300,6) en Tonga ($276,5). De groei van de invoer onder de leiders: Samoa (3,6%), Tonga (3,4%), Cookeilanden (2,0%), Frans-Polynesië (1,0%) en Tuvalu (-1,8%).

de jaren 1980

De invoer van Polynesië bedroeg in de jaren 1980 US$824,7 miljoen per jaar, en was vergelijkbaar met Brunei (US$813,2 miljoen). Het aandeel in de wereld was 0,032%, en 1,7% in Oceanië.

Het aandeel van de invoer in het BBP van Polynesië was 35,6% in de jaren 1980, en was vergelijkbaar met Costa Rica (35,5%).

De invoer per hoofd in Polynesië was $1.818,6 in de jaren 1980s, en was vergelijkbaar met Saint Kitts en Nevis (US$1.851,5). De invoer per hoofd in Polynesië was in 3,4 keer hoger dan de invoer per hoofd van de bevolking in de wereld ($539,1), en was 8,5% lager dan de invoer per hoofd van de bevolking in Oceanië ($539,1).

De groei van de invoer in Polynesië bedroeg 2.5% in de jaren 1980. De groei van de invoer in Polynesië (2,5%) was minder dan de groei van de invoer in de wereld (3,8%), was minder dan de groei van de invoer in Oceanië (5,7%).

Vergelijking met subregio's. De invoer van Polynesië was groter dan in Micronesië (US$239,7 miljoen); maar minder dan in Australazië (US$44,8 miljard) en in Melanesië (US$3,4 miljard). De invoer per hoofd in Polynesië was in Polynesië groter dan in Micronesië (US$1.154,3) en in Melanesië (US$639,7); maar minder dan in Australazië (US$2,4 duizend). De groei van de invoer in Polynesië was groter dan in Melanesië (2,5%); maar minder dan in Australazië (6,2%) en in Micronesië (4,0%).

Leiders. De invoer van Polynesië in de jaren 1980 bestond uit: Frans-Polynesië (79,2%), Samoa (8,4%), Tonga (7,5%), Cookeilanden (4,5%), Tuvalu (0,45%). Het aandeel van de invoer in BBP van de leiders: Cookeilanden (94,2%), Tuvalu (74,7%), Samoa (65,6%),

Tonga (62,7%) en Frans-Polynesië (31,6%). De waarde van de invoer per hoofd in Polynesië onder de leiders: Frans-Polynesië ($3.741,6), Cookeilanden ($2.105,5), Tonga ($654,6), Tuvalu ($455,7) en Samoa ($434,5). De groei van de invoer onder de leiders: Tonga (4,9%), Frans-Polynesië (2,7%), Tuvalu (2,3%), Samoa (1,9%) en Cookeilanden (-0,30%).

de jaren 1990

De waarde van de invoer in Polynesië bedroeg in de jaren 1990 US$1,3 miljard per jaar, en was vergelijkbaar met Swaziland (US$1,3 miljard). Het aandeel in de wereld was 0,022%, en 1,3% in Oceanië.

Het aandeel van de invoer in het BBP van Polynesië was 27,8% in de jaren 1990, en was vergelijkbaar met Mauritanië (28,0%).

De waarde van de invoer per hoofd in Polynesië was $2.457,9 in de jaren 1990s. De waarde van de invoer per hoofd in Polynesië was in 2,4 keer hoger dan de invoer per hoofd van de bevolking in de wereld ($1.015,5), en was 24,2% lager dan de invoer per hoofd van de bevolking in Oceanië ($1.015,5).

De groei van de invoer in Polynesië bedroeg 1% in de jaren 1990. De groei van de invoer in Polynesië (1,0%) was minder dan de groei van de invoer in de wereld (6,6%), was minder dan de groei van de invoer in Oceanië (6,2%).

Vergelijking met subregio's. De waarde van de invoer in Polynesië was groter dan in Micronesië (US$383,0 miljoen); maar minder dan in Australazië (US$86,7 miljard) en in Melanesië (US$5,5 miljard). De invoer per hoofd in Polynesië was in Polynesië groter dan in Micronesië (US$1.478,5) en in Melanesië (US$826,6); maar minder dan in Australazië (US$4,0 duizend). De groei van de invoer in Polynesië was groter dan in Micronesië (-2,0%); maar minder dan in Australazië (6,6%) en in Melanesië (3,0%).

Leiders. De invoer van Polynesië in de jaren 1990 bestond uit: Frans-Polynesië (78,2%), Samoa (8,7%), Tonga (8,3%), Cookeilanden (4,2%), Tuvalu (0,57%). Het aandeel van de invoer in BBP van de leiders: Tuvalu (61,3%), Samoa (60,0%), Cookeilanden (54,1%), Tonga (53,1%) en Frans-Polynesië (24,4%). De waarde van de invoer per hoofd in Polynesië onder de leiders: Frans-Polynesië ($4.513,2), Cookeilanden ($2.806,0), Tonga ($1.088,9), Tuvalu ($770,7) en Samoa ($646,9). De groei van de invoer onder de leiders: Tuvalu (2,9%), Frans-Polynesië (1,8%), Samoa (-0,063%), Tonga (-0,66%) en Cookeilanden (-1,7%).

de jaren 2000

De waarde van de invoer in Polynesië bedroeg in de jaren 2000 US$2,5 miljard per jaar, en was vergelijkbaar met Moldavië (US$2,5 miljard), Gabon (US$2,5 miljard). Het aandeel in de wereld was 0,020%, en 1,3% in Oceanië.

Het aandeel van de invoer in het BBP van Polynesië was 39,7% in de jaren 2000, en was vergelijkbaar met Guatemala (39,8%), Centraal-Azië (40,0%).

De invoer per hoofd in Polynesië was $4.405,2 in de jaren 2000s, en was vergelijkbaar met Oman (US$4,4 duizend), Japan (US$4,4 duizend), Kroatië (US$4,4 duizend). De invoer per hoofd in Polynesië was in 2,3 keer hoger dan de invoer per hoofd van de bevolking in de wereld ($1.899,9), en was 24,6% lager dan de invoer per hoofd van de bevolking in Oceanië ($1.899,9).

De groei van de invoer in Polynesië bedroeg 3.3% in de jaren 2000, en was vergelijkbaar met Lesotho (3,3%), Tunesië (3,3%), Noorwegen (3,3%). De groei van de invoer in Polynesië (3,3%) was minder dan de groei van de invoer in de wereld (5,1%), was minder dan de groei van de invoer in Oceanië (6,6%).

Vergelijking met subregio's. De waarde van de invoer in Polynesië was groter dan in Micronesië (US$580,4 miljoen); maar minder dan in Australazië (US$182,8 miljard) en in Melanesië (US$8,9 miljard). De invoer per hoofd in Polynesië was in Polynesië groter dan in Micronesië (US$2,1 duizend) en in Melanesië (US$1.083,4); maar minder dan in Australazië (US$7,5 duizend). De groei van de invoer in Polynesië was groter dan in Micronesië (2,4%); maar minder dan in Australazië (6,9%) en in Melanesië (4,1%).

Leiders. De invoer van Polynesië in de jaren 2000 bestond uit: Frans-Polynesië (79,8%), Samoa (9,6%), Tonga (5,5%), Cookeilanden (4,3%), Tuvalu (0,86%). Het aandeel van de invoer in BBP van de leiders: Tuvalu (101,7%), Cookeilanden (60,7%), Tonga (54,9%), Samoa (54,8%) en Frans-Polynesië (36,9%). De waarde van de invoer per hoofd in Polynesië onder de leiders: Frans-Polynesië ($7.756,6), Cookeilanden ($5.728,2), Tuvalu ($2.165,9), Tonga ($1.360,1) en Samoa ($1.326,9). De groei van de invoer onder de leiders: Tuvalu (11,6%), Frans-Polynesië (3,8%), Cookeilanden (2,7%), Samoa (2,2%) en Tonga (0,74%).

de jaren 2010

De waarde van de invoer in Polynesië bedroeg in de jaren 2010 US$3,1 miljard per jaar, en was vergelijkbaar met de Maldiven (US$3,0 miljard). Het aandeel in de wereld was 0,014%, en 0,82% in Oceanië.

Het aandeel van de invoer in het BBP van Polynesië was 41,4% in de jaren 2010, en was vergelijkbaar met Malawi (41,3%), Zuid-Korea (41,2%).

De waarde van de invoer per hoofd in Polynesië was $5.191,4 in de jaren 2010s. De waarde van de invoer per hoofd in Polynesië was 72,2% hoger dan de invoer per hoofd van de bevolking in de wereld ($3.015,6), en was 45,8% lager dan de invoer per hoofd van de bevolking in Oceanië ($3.015,6).

De groei van de invoer in Polynesië bedroeg 1.4% in de jaren 2010. De groei van de invoer in Polynesië (1,4%) was minder dan de groei van de invoer in de wereld (4,4%), was minder dan de groei van de invoer in Oceanië (5,7%).

Vergelijking met subregio's. De waarde van de invoer in Polynesië was 3,3 keer groter dan in Micronesië (US$927,5 miljoen); maar 114,1 keer minder dan in Australazië (US$353,2 miljard) en 6,0 keer minder dan in Melanesië (US$18,4 miljard). De waarde van de invoer per hoofd in Polynesië was in Polynesië70,1% groter dan in Micronesië (US$3,1 duizend) en 2,8 keer groter dan in Melanesië (US$1.835,8); maar 2,4 keer minder dan in Australazië (US$12,5 duizend). De groei van de invoer in Polynesië was minder dan in Australazië (5,8%), in Melanesië (3,6%) en in Micronesië (2,3%).

Leiders. De invoer van Polynesië in de jaren 2010 bestond uit: Frans-Polynesië (69,7%), Samoa (13,6%), Tonga (9,0%), Cookeilanden (6,0%), Tuvalu (1,6%). Het aandeel van de invoer in BBP van de leiders: Tuvalu (128,2%), Tonga (62,9%), Cookeilanden (59,9%), Samoa (53,7%) en Frans-Polynesië (36,6%). De invoer per hoofd in Polynesië onder de leiders: Cookeilanden ($10.516,5), Frans-Polynesië ($7.913,2), Tuvalu ($4.546,0), Tonga ($2.711,5) en Samoa ($2.197,5). De groei van de invoer onder de leiders: Tonga (4,6%), Tuvalu (4,0%), Cookeilanden (3,4%), Samoa (1,4%) en Frans-Polynesië (0,82%).

Part IV. Verbruik

Hoofdstuk XII. Overheidsuitgaven

Consumptie-uitgaven van de overheid

De overheidsuitgaven van Polynesië steeg van US$231,3 miljoen per jaar in de jaren 1970 tot US$2,3 miljard per jaar in de jaren 2010, dat wil zeggen met US$2,0 miljard of 9,8 keer. De verandering vond plaats op US$1,6 miljard als gevolg van een 3,5-voudige stijging van de prijzen, en ook op US$302,9 miljoen als gevolg van een 1,9-voudige toename van het tarief per hoofd , evenals op US$118,7 miljoen als gevolg van de toename van de bevolking. De gemiddelde jaarlijkse groei van de overheidsuitgaven is 2,6%. De minimumwaarde van de overheidsuitgaven bedroeg US$103,4 miljoen in 1970. De maximumwaarde van de overheidsuitgaven bedroeg US$2,6 miljard in 2008.

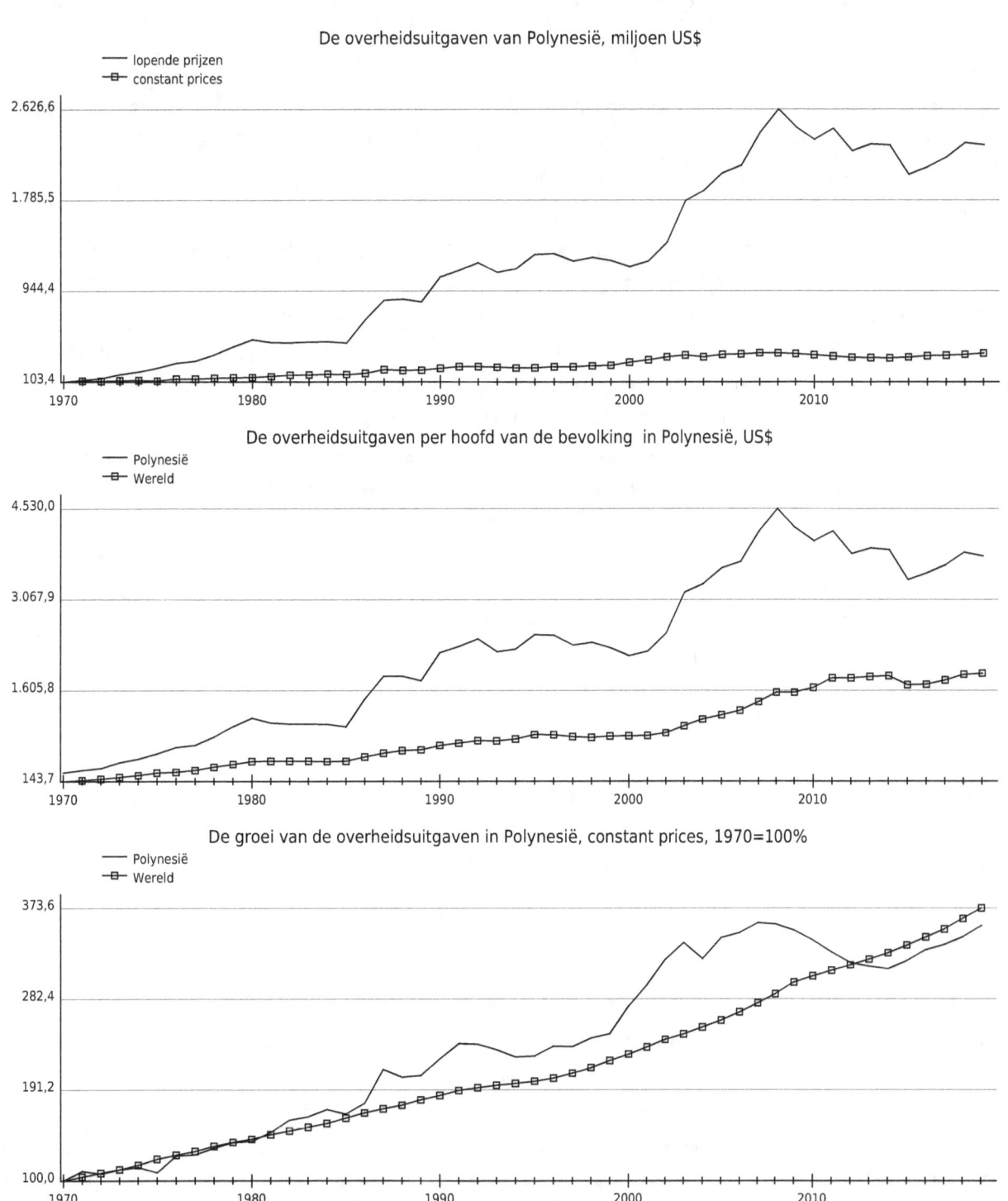

De overheidsuitgaven van Polynesië, miljoen US$

De overheidsuitgaven per hoofd van de bevolking in Polynesië, US$

De groei van de overheidsuitgaven in Polynesië, constant prices, 1970=100%

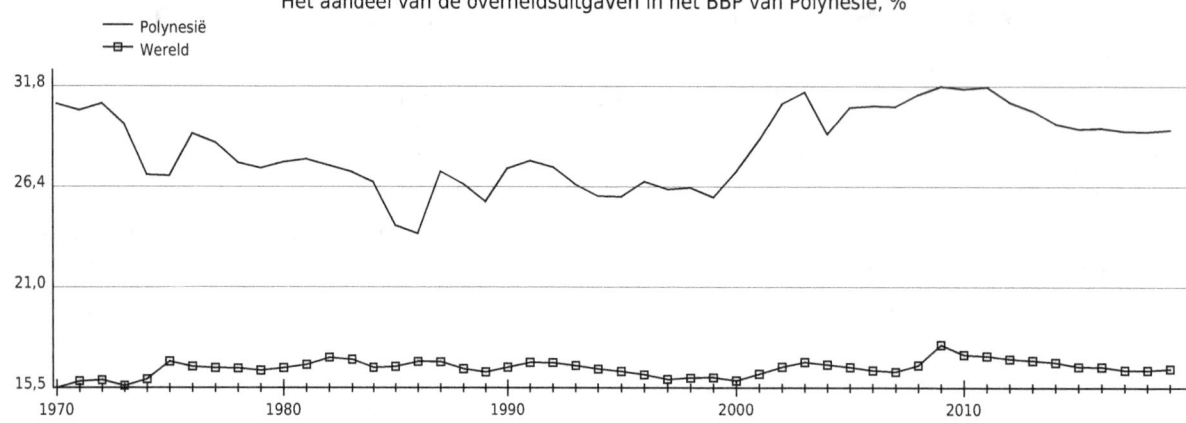

Het aandeel van de overheidsuitgaven in het BBP van Polynesië, %

de jaren 1970

De overheidsuitgaven van Polynesië bedroeg in de jaren 1970 US$231,3 miljoen per jaar, en was vergelijkbaar met Albanië (US$229,3 miljoen), de Dominicaanse Republiek (US$236,1 miljoen). Het aandeel in de wereld was 0,022%, en 1,2% in Oceanië.

Het aandeel van de overheidsuitgaven in het BBP van Polynesië was 28,4% in de jaren 1970, en was vergelijkbaar met de Turks- en Caicoseilanden (28,1%).

De overheidsuitgaven per hoofd in Polynesië was $587,1 in de jaren 1970s, en was vergelijkbaar met Bahrein (US$579,5), Ierland (US$576,9). De overheidsuitgaven per hoofd in Polynesië was in 2,2 keer hoger dan de overheidsuitgaven per hoofd van de bevolking in de wereld ($265,2), en was 36,2% lager dan de overheidsuitgaven per hoofd van de bevolking in Oceanië ($265,2).

De groei van de overheidsuitgaven in Polynesië bedroeg 3.7% in de jaren 1970, en was vergelijkbaar met de Nederland (3,7%), de Wereld (3,7%). De groei van de overheidsuitgaven in Polynesië (3,7%) was minder dan de groei van de overheidsuitgaven in de wereld (3,7%), was minder dan de groei van de overheidsuitgaven in Oceanië (3,9%).

Vergelijking met subregio's. De overheidsuitgaven van Polynesië was groter dan in Micronesië (US$54,1 miljoen); maar minder dan in Australazië (US$18,4 miljard) en in Melanesië (US$922,6 miljoen). De overheidsuitgaven per hoofd in Polynesië was in Polynesië groter dan in Micronesië (US$330,8) en in Melanesië (US$225,1); maar minder dan in Australazië (US$1.105,6). De groei van de overheidsuitgaven in Polynesië was groter dan in Micronesië (2,4%); maar minder dan in Melanesië (4,3%) en in Australazië (3,9%).

Leiders. De overheidsuitgaven van Polynesië in de jaren 1970 bestond uit: Frans-Polynesië (84,9%), Samoa (8,8%), Cookeilanden (2,8%), Tonga (2,5%), Tuvalu (0,98%). Het aandeel van de overheidsuitgaven in BBP van de leiders: Tuvalu (64,6%), Cookeilanden (39,3%), Frans-Polynesië (28,9%), Samoa (26,2%) en Tonga (15,4%). De overheidsuitgaven per hoofd in Polynesië onder de leiders: Frans-Polynesië ($1.518,7), Tuvalu ($364,2), Cookeilanden ($326,9), Samoa ($135,2) en Tonga ($66,2). De groei van de overheidsuitgaven onder de leiders: Samoa (4,0%), Cookeilanden (3,9%), Frans-Polynesië (3,8%), Tonga (2,1%) en Tuvalu (-1,7%).

de jaren 1980

De overheidsuitgaven van Polynesië bedroeg in de jaren 1980 US$609,5 miljoen per jaar, en was vergelijkbaar met Oeganda (US$599,7 miljoen). Het aandeel in de wereld was 0,024%, en 1,3% in Oceanië.

Het aandeel van de overheidsuitgaven in het BBP van Polynesië was 26,3% in de jaren 1980, en was vergelijkbaar met Frans-Polynesië (26,3%), Zambia (26,2%).

De overheidsuitgaven per hoofd in Polynesië was $1.343,9 in de jaren 1980s, en was vergelijkbaar met Oman (US$1.359,3). De overheidsuitgaven per hoofd in Polynesië was in 2,6 keer hoger dan de overheidsuitgaven per hoofd van de bevolking in de wereld ($523,5), en was 29,8% lager dan de overheidsuitgaven per hoofd van de bevolking in Oceanië ($523,5).

De groei van de overheidsuitgaven in Polynesië bedroeg 4% in de jaren 1980, en was vergelijkbaar met Oost-Europa (4,0%), Luxemburg (4,0%), de Marshalleilanden (4,0%). De groei van de overheidsuitgaven in Polynesië (4,0%) was groter dan de groei van de overheidsuitgaven in de wereld (2,7%), was groter dan de groei van de overheidsuitgaven in Oceanië (3,4%).

Vergelijking met subregio's. De overheidsuitgaven van Polynesië was groter dan in Micronesië (US$129,3 miljoen); maar minder dan in Australazië (US$44,9 miljard) en in Melanesië (US$1,8 miljard). De overheidsuitgaven per hoofd in Polynesië was in Polynesië groter dan in Micronesië (US$622,3) en in Melanesië (US$345,6); maar minder dan in Australazië (US$2,4 duizend). De groei van de overheidsuitgaven in Polynesië was groter dan in Australazië (3,4%), in Micronesië (3,4%) en in Melanesië (2,1%).

Leiders. De overheidsuitgaven van Polynesië in de jaren 1980 bestond uit: Frans-Polynesië (89,4%), Samoa (4,7%), Cookeilanden (2,9%), Tonga (2,4%), Tuvalu (0,52%). Het aandeel van de overheidsuitgaven in BBP van de leiders: Tuvalu (63,8%), Cookeilanden (44,7%), Samoa (27,3%), Frans-Polynesië (26,3%) en Tonga (15,1%). De overheidsuitgaven per hoofd in Polynesië onder de leiders: Frans-Polynesië ($3.122,0), Cookeilanden ($999,0), Tuvalu ($389,6), Samoa ($180,6) en Tonga ($157,8). De groei van de overheidsuitgaven onder de leiders: Tonga (7,6%), Frans-Polynesië (4,5%), Tuvalu (3,7%), Cookeilanden (3,3%) en Samoa (0,29%).

de jaren 1990

De overheidsuitgaven van Polynesië bedroeg in de jaren 1990 US$1,2 miljard per jaar, en was vergelijkbaar met Panama (US$1,2 miljard), Letland (US$1,2 miljard), Tanzania (US$1,2 miljard). Het aandeel in de wereld was 0,025%, en 1,5% in Oceanië.

Het aandeel van de overheidsuitgaven in het BBP van Polynesië was 26,6% in de jaren 1990, en was vergelijkbaar met Frans-Polynesië (26,6%), Oman (26,7%).

De overheidsuitgaven per hoofd in Polynesië was $2.346,2 in de jaren 1990s, en was vergelijkbaar met de Turks- en Caicoseilanden (US$2,4 duizend). De overheidsuitgaven per hoofd in Polynesië was in 2,8 keer hoger dan de overheidsuitgaven per hoofd van de bevolking in de wereld ($824,8), en was 16,7% lager dan de overheidsuitgaven per hoofd van de bevolking in Oceanië ($824,8).

De groei van de overheidsuitgaven in Polynesië bedroeg 1.9% in de jaren 1990, en was vergelijkbaar met Burkina Faso (1,9%), Oost-Timor (1,9%). De groei van de overheidsuitgaven in Polynesië (1,9%) was minder dan de groei van de overheidsuitgaven in de wereld (2,0%), was minder dan de groei van de overheidsuitgaven in Oceanië (2,8%).

Vergelijking met subregio's. De overheidsuitgaven van Polynesië was groter dan in Micronesië (US$234,1 miljoen); maar minder dan in Australazië (US$77,2 miljard) en in Melanesië (US$2,8 miljard). De overheidsuitgaven per hoofd in Polynesië was in Polynesië groter dan in Micronesië (US$903,8) en in Melanesië (US$419,7); maar minder dan in Australazië (US$3,6 duizend). De groei van de overheidsuitgaven in Polynesië was groter dan in Melanesië (0,99%) en in Micronesië (-0,20%); maar minder dan in Australazië (2,8%).

Leiders. De overheidsuitgaven van Polynesië in de jaren 1990 bestond uit: Frans-Polynesië (89,5%), Samoa (3,9%), Cookeilanden (3,0%), Tonga (3,0%), Tuvalu (0,65%). Het aandeel van de overheidsuitgaven in BBP van de leiders: Tuvalu (67,1%), Cookeilanden (37,2%), Frans-Polynesië (26,6%), Samoa (25,4%) en Tonga (18,0%). De overheidsuitgaven per hoofd in Polynesië onder de leiders: Frans-Polynesië ($4.930,6), Cookeilanden ($1.930,8), Tuvalu ($844,1), Tonga ($370,1) en Samoa ($274,4). De groei van de overheidsuitgaven onder de leiders: Tuvalu (8,0%), Tonga (2,9%), Frans-Polynesië (2,1%), Samoa (-0,17%) en Cookeilanden (-0,96%).

de jaren 2000

De overheidsuitgaven van Polynesië bedroeg in de jaren 2000 US$1,9 miljard per jaar, en was vergelijkbaar met Kameroen (US$1,9 miljard). Het aandeel in de wereld was 0,024%, en 1,3% in Oceanië.

Het aandeel van de overheidsuitgaven in het BBP van Polynesië was 30,5% in de jaren 2000.

De overheidsuitgaven per hoofd in Polynesië was $3.381,3 in de jaren 2000s, en was vergelijkbaar met Slovenië (US$3,3 duizend). De overheidsuitgaven per hoofd in Polynesië was in 2,8 keer hoger dan de overheidsuitgaven per hoofd van de bevolking in de wereld ($1.200,9), en was 23,9% lager dan de overheidsuitgaven per hoofd van de bevolking in Oceanië ($1.200,9).

De groei van de overheidsuitgaven in Polynesië bedroeg 3.6% in de jaren 2000, en was vergelijkbaar met Nieuw-Zeeland (3,6%), Kiribati (3,6%), Mauritius (3,6%). De groei van de overheidsuitgaven in Polynesië (3,6%) was groter dan de groei van de overheidsuitgaven in de wereld (3,1%), was groter dan de groei van de overheidsuitgaven in Oceanië (3,1%).

Vergelijking met subregio's. De overheidsuitgaven van Polynesië was groter dan in Micronesië (US$319,2 miljoen); maar minder dan in Australazië (US$142,4 miljard) en in Melanesië (US$3,5 miljard). De overheidsuitgaven per hoofd in Polynesië was in Polynesië groter dan in Micronesië (US$1.135,0) en in Melanesië (US$422,4); maar minder dan in Australazië (US$5,9 duizend). De groei van de overheidsuitgaven in Polynesië was groter dan in Australazië (3,1%) en in Micronesië (1,4%); maar minder dan in Melanesië (3,7%).

Leiders. De overheidsuitgaven van Polynesië in de jaren 2000 bestond uit: Frans-Polynesië (88,8%), Samoa (5,1%), Cookeilanden (2,9%), Tonga (2,4%), Tuvalu (0,86%). Het aandeel van de overheidsuitgaven in BBP van de leiders: Tuvalu (77,7%), Frans-Polynesië

(31,5%), Cookeilanden (31,1%), Samoa (22,3%) en Tonga (18,6%). De overheidsuitgaven per hoofd in Polynesië onder de leiders: Frans-Polynesië ($6.626,5), Cookeilanden ($2.938,1), Tuvalu ($1.654,1), Samoa ($540,1) en Tonga ($460,1). De groei van de overheidsuitgaven onder de leiders: Frans-Polynesië (3,9%), Cookeilanden (3,4%), Samoa (2,2%), Tuvalu (2,1%) en Tonga (0,99%).

de jaren 2010

De overheidsuitgaven van Polynesië bedroeg in de jaren 2010 US$2,3 miljard per jaar, en was vergelijkbaar met Georgië (US$2,2 miljard), Congo-Brazzaville (US$2,2 miljard), Mali (US$2,3 miljard). Het aandeel in de wereld was 0,017%, en 0,73% in Oceanië.

Het aandeel van de overheidsuitgaven in het BBP van Polynesië was 30,2% in de jaren 2010.

De overheidsuitgaven per hoofd in Polynesië was $3.783,3 in de jaren 2010s, en was vergelijkbaar met Estland (US$3,8 duizend), Bahrein (US$3,7 duizend). De overheidsuitgaven per hoofd in Polynesië was in 2,1 keer hoger dan de overheidsuitgaven per hoofd van de bevolking in de wereld ($1.785,1), en was in 2,1 keer lager dan de overheidsuitgaven per hoofd van de bevolking in Oceanië ($1.785,1).

De groei van de overheidsuitgaven in Polynesië bedroeg 0.1% in de jaren 2010. De groei van de overheidsuitgaven in Polynesië (0,12%) was minder dan de groei van de overheidsuitgaven in de wereld (2,3%), was minder dan de groei van de overheidsuitgaven in Oceanië (3,3%).

Vergelijking met subregio's. De overheidsuitgaven van Polynesië was 4,8 keer groter dan in Micronesië (US$467,0 miljoen); maar 132,1 keer minder dan in Australazië (US$297,8 miljard) en 3,6 keer minder dan in Melanesië (US$8,1 miljard). De overheidsuitgaven per hoofd in Polynesië was in Polynesië2,5 keer groter dan in Micronesië (US$1.536,7) en 4,7 keer groter dan in Melanesië (US$810,7); maar 2,8 keer minder dan in Australazië (US$10,5 duizend). De groei van de overheidsuitgaven in Polynesië was groter dan in Melanesië (-1,5%); maar minder dan in Australazië (3,4%) en in Micronesië (1,7%).

Leiders. De overheidsuitgaven van Polynesië in de jaren 2010 bestond uit: Frans-Polynesië (83,4%), Samoa (6,7%), Cookeilanden (4,5%), Tonga (3,9%), Tuvalu (1,5%). Het aandeel van de overheidsuitgaven in BBP van de leiders: Tuvalu (86,5%), Cookeilanden (32,3%), Frans-Polynesië (31,9%), Tonga (19,8%) en Samoa (19,2%). De overheidsuitgaven per hoofd in Polynesië onder de leiders: Frans-Polynesië ($6.902,6), Cookeilanden ($5.672,3), Tuvalu ($3.070,1), Tonga ($854,6) en Samoa ($786,7). De groei van de overheidsuitgaven onder de leiders: Tuvalu (5,8%), Cookeilanden (2,7%), Tonga (1,9%), Samoa (0,33%) en Frans-Polynesië (-0,21%).

Hoofdstuk XIII. Huishoudelijke uitgaven

Consumptieve bestedingen van de huishoudens

De huishoudelijke uitgaven van Polynesië steeg van US$498,6 miljoen per jaar in de jaren 1970 tot US$5,2 miljard per jaar in de jaren 2010, dat wil zeggen met US$4,7 miljard of 10,4 keer. De verandering vond plaats op US$3,7 miljard als gevolg van een 3,5-voudige stijging van de prijzen, en ook op US$712,2 miljoen als gevolg van een 1,9-voudige toename van het tarief per hoofd , evenals op US$256,0 miljoen als gevolg van de toename van de bevolking. De gemiddelde jaarlijkse groei van de huishoudelijke uitgaven is 2,7%. De minimumwaarde van de huishoudelijke uitgaven bedroeg US$225,4 miljoen in 1970. De maximumwaarde van de huishoudelijke uitgaven bedroeg US$5,6 miljard in 2008.

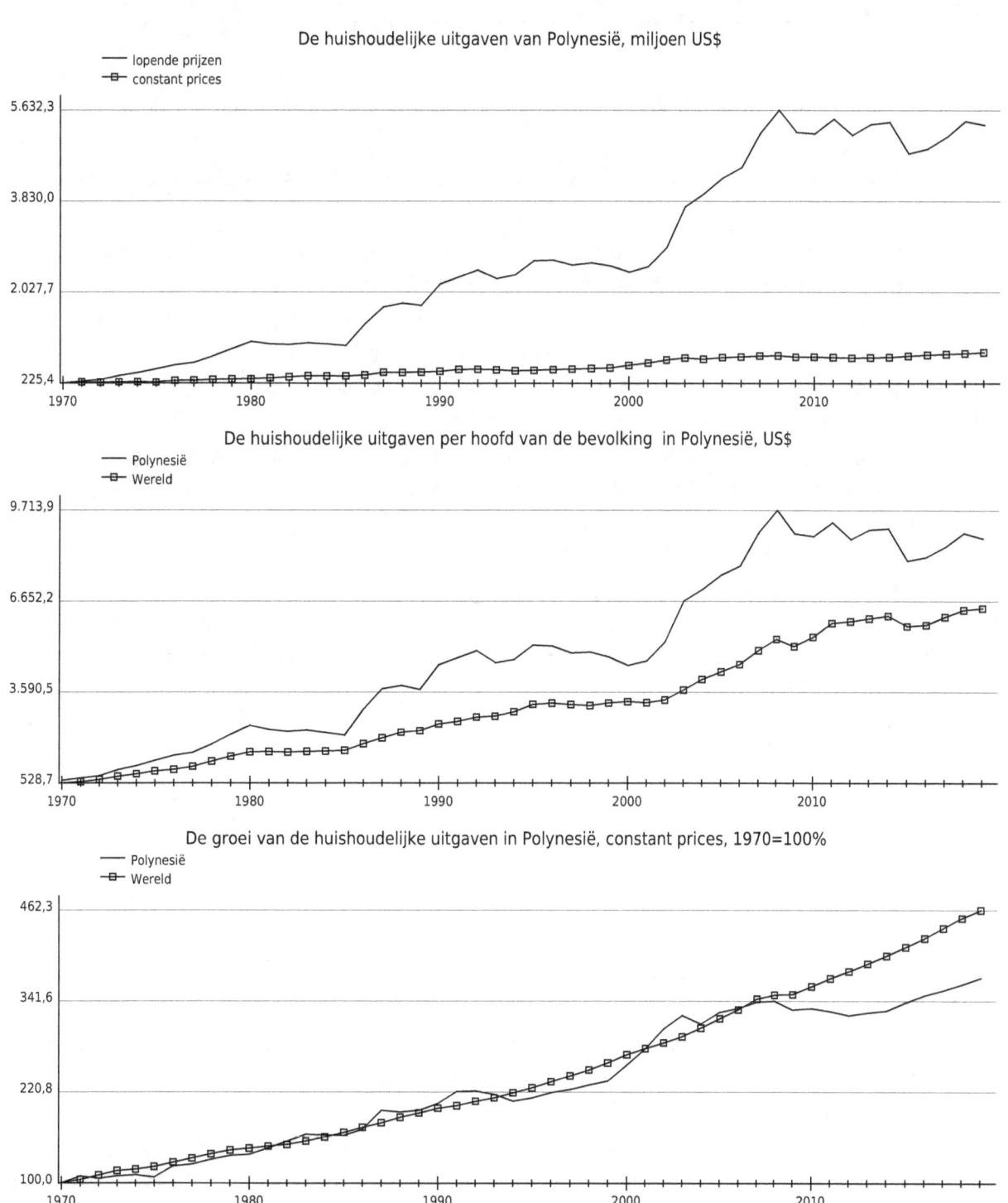

De huishoudelijke uitgaven van Polynesië, miljoen US$

De huishoudelijke uitgaven per hoofd van de bevolking in Polynesië, US$

De groei van de huishoudelijke uitgaven in Polynesië, constant prices, 1970=100%

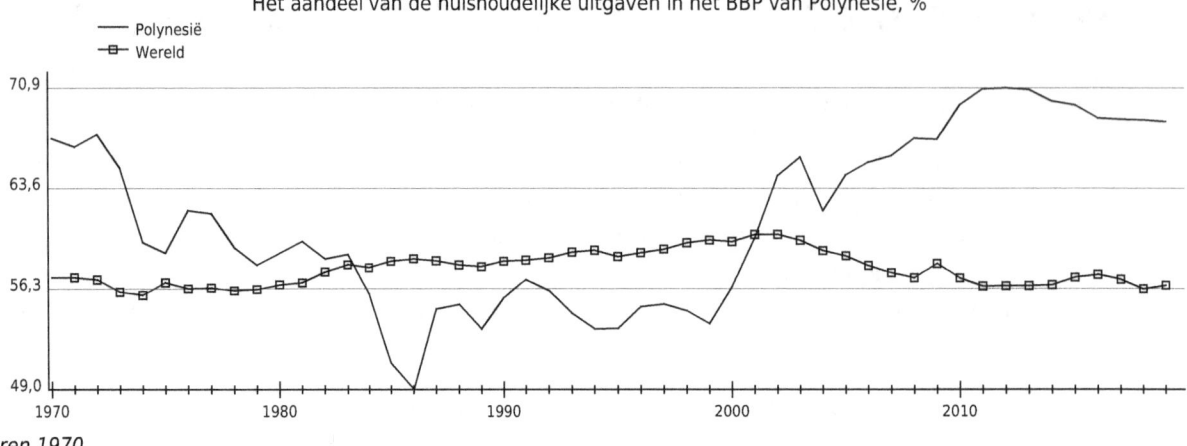

Het aandeel van de huishoudelijke uitgaven in het BBP van Polynesië, %

de jaren 1970

De huishoudelijke uitgaven van Polynesië bedroeg in de jaren 1970 US$498,6 miljoen per jaar. Het aandeel in de wereld was 0,013%, en 0,77% in Oceanië.

Het aandeel van de huishoudelijke uitgaven in het BBP van Polynesië was 61,2% in de jaren 1970, en was vergelijkbaar met Amerika (61,0%), Bulgarije (61,5%), de Filipijnen (60,9%).

De huishoudelijke uitgaven per hoofd in Polynesië was $1.265,9 in de jaren 1970s, en was vergelijkbaar met Argentinië (US$1.267,5). De huishoudelijke uitgaven per hoofd in Polynesië was 38,4% hoger dan de huishoudelijke uitgaven per hoofd van de bevolking in de wereld ($914,8), en was in 2,4 keer lager dan de huishoudelijke uitgaven per hoofd van de bevolking in Oceanië ($914,8).

De groei van de huishoudelijke uitgaven in Polynesië bedroeg 3.6% in de jaren 1970, en was vergelijkbaar met Zimbabwe (3,5%). De groei van de huishoudelijke uitgaven in Polynesië (3,6%) was minder dan de groei van de huishoudelijke uitgaven in de wereld (4,1%), was groter dan de groei van de huishoudelijke uitgaven in Oceanië (3,1%).

Vergelijking met subregio's. De huishoudelijke uitgaven van Polynesië was groter dan in Micronesië (US$95,1 miljoen); maar minder dan in Australazië (US$62,3 miljard) en in Melanesië (US$1,9 miljard). De huishoudelijke uitgaven per hoofd in Polynesië was in Polynesië groter dan in Micronesië (US$581,2) en in Melanesië (US$467,9); maar minder dan in Australazië (US$3,7 duizend). De groei van de huishoudelijke uitgaven in Polynesië was groter dan in Melanesië (3,4%), in Australazië (3,1%) en in Micronesië (2,9%).

Leiders. De huishoudelijke uitgaven van Polynesië in de jaren 1970 bestond uit: Frans-Polynesië (76,6%), Samoa (13,4%), Tonga (7,0%), Cookeilanden (2,9%), Tuvalu (0,22%). Het aandeel van de huishoudelijke uitgaven in BBP van de leiders: Tonga (91,3%), Samoa (86,4%), Cookeilanden (85,9%), Frans-Polynesië (56,2%) en Tuvalu (30,8%). De huishoudelijke uitgaven per hoofd in Polynesië onder de leiders: Frans-Polynesië ($2.953,5), Cookeilanden ($713,4), Samoa ($444,8), Tonga ($393,0) en Tuvalu ($173,6). De groei van de huishoudelijke uitgaven onder de leiders: Frans-Polynesië (3,8%), Samoa (3,7%), Tonga (3,4%), Cookeilanden (1,0%) en Tuvalu (-1,7%).

de jaren 1980

De huishoudelijke uitgaven van Polynesië bedroeg in de jaren 1980 US$1,3 miljard per jaar, en was vergelijkbaar met Palestina (US$1,3 miljard). Het aandeel in de wereld was 0,015%, en 0,88% in Oceanië.

Het aandeel van de huishoudelijke uitgaven in het BBP van Polynesië was 55,0% in de jaren 1980, en was vergelijkbaar met Cuba (55,1%), Israël (55,1%), Zuid-Afrika (54,7%).

De huishoudelijke uitgaven per hoofd in Polynesië was $2.810,3 in de jaren 1980s, en was vergelijkbaar met Malta (US$2,8 duizend). De huishoudelijke uitgaven per hoofd in Polynesië was 55,4% hoger dan de huishoudelijke uitgaven per hoofd van de bevolking in de wereld ($1.808,0), en was in 2,1 keer lager dan de huishoudelijke uitgaven per hoofd van de bevolking in Oceanië ($1.808,0).

De groei van de huishoudelijke uitgaven in Polynesië bedroeg 3.7% in de jaren 1980, en was vergelijkbaar met Bangladesh (3,7%), Japan (3,7%). De groei van de huishoudelijke uitgaven in Polynesië (3,7%) was groter dan de groei van de huishoudelijke uitgaven in de wereld (3,0%), was groter dan de groei van de huishoudelijke uitgaven in Oceanië (3,1%).

Vergelijking met subregio's. De huishoudelijke uitgaven van Polynesië was groter dan in Micronesië (US$238,8 miljoen); maar minder dan in Australazië (US$139,3 miljard) en in Melanesië (US$4,0 miljard). De huishoudelijke uitgaven per hoofd in Polynesië was in

Polynesië groter dan in Micronesië (US$1.149,8) en in Melanesië (US$755,0); maar minder dan in Australazië (US$7,4 duizend). De groei van de huishoudelijke uitgaven in Polynesië was groter dan in Micronesië (3,6%), in Australazië (3,1%) en in Melanesië (3,0%).

Leiders. De huishoudelijke uitgaven van Polynesië in de jaren 1980 bestond uit: Frans-Polynesië (83,2%), Tonga (7,7%), Samoa (7,1%), Cookeilanden (1,9%), Tuvalu (0,12%). Het aandeel van de huishoudelijke uitgaven in BBP van de leiders: Tonga (100,0%), Samoa (86,4%), Cookeilanden (60,3%), Frans-Polynesië (51,2%) en Tuvalu (30,4%). De huishoudelijke uitgaven per hoofd in Polynesië onder de leiders: Frans-Polynesië ($6.071,6), Cookeilanden ($1.347,8), Tonga ($1.044,0), Samoa ($572,0) en Tuvalu ($185,5). De groei van de huishoudelijke uitgaven onder de leiders: Tonga (6,3%), Frans-Polynesië (4,5%), Tuvalu (4,0%), Cookeilanden (2,6%) en Samoa (-0,69%).

de jaren 1990

De huishoudelijke uitgaven van Polynesië bedroeg in de jaren 1990 US$2,5 miljard per jaar, en was vergelijkbaar met Malawi (US$2,4 miljard). Het aandeel in de wereld was 0,015%, en 0,96% in Oceanië.

Het aandeel van de huishoudelijke uitgaven in het BBP van Polynesië was 54,9% in de jaren 1990, en was vergelijkbaar met Israël (54,9%), Zuidoost-Azië (54,9%), West-Europa (55,0%).

De huishoudelijke uitgaven per hoofd in Polynesië was $4.847,3 in de jaren 1990s. De huishoudelijke uitgaven per hoofd in Polynesië was 63,5% hoger dan de huishoudelijke uitgaven per hoofd van de bevolking in de wereld ($2.963,9), en was 45,7% lager dan de huishoudelijke uitgaven per hoofd van de bevolking in Oceanië ($2.963,9).

De groei van de huishoudelijke uitgaven in Polynesië bedroeg 1.8% in de jaren 1990, en was vergelijkbaar met Guyana (1,8%), Guinee-Bissau (1,8%), Japan (1,8%). De groei van de huishoudelijke uitgaven in Polynesië (1,8%) was minder dan de groei van de huishoudelijke uitgaven in de wereld (3,0%), was minder dan de groei van de huishoudelijke uitgaven in Oceanië (3,2%).

Vergelijking met subregio's. De huishoudelijke uitgaven van Polynesië was groter dan in Micronesië (US$418,7 miljoen); maar minder dan in Australazië (US$248,4 miljard) en in Melanesië (US$6,8 miljard). De huishoudelijke uitgaven per hoofd in Polynesië was in Polynesië groter dan in Micronesië (US$1.616,0) en in Melanesië (US$1.031,8); maar minder dan in Australazië (US$11,5 duizend). De groei van de huishoudelijke uitgaven in Polynesië was groter dan in Micronesië (0,21%); maar minder dan in Melanesië (4,9%) en in Australazië (3,2%).

Leiders. De huishoudelijke uitgaven van Polynesië in de jaren 1990 bestond uit: Frans-Polynesië (84,2%), Tonga (7,5%), Samoa (6,4%), Cookeilanden (1,8%), Tuvalu (0,13%). Het aandeel van de huishoudelijke uitgaven in BBP van de leiders: Tonga (93,7%), Samoa (86,4%), Frans-Polynesië (51,8%), Cookeilanden (45,9%) en Tuvalu (26,9%). De huishoudelijke uitgaven per hoofd in Polynesië onder de leiders: Frans-Polynesië ($9.588,6), Cookeilanden ($2.379,4), Tonga ($1.923,0), Samoa ($931,7) en Tuvalu ($338,5). De groei van de huishoudelijke uitgaven onder de leiders: Frans-Polynesië (2,1%), Samoa (2,1%), Tuvalu (1,2%), Tonga (1,1%) en Cookeilanden (-3,2%).

de jaren 2000

De huishoudelijke uitgaven van Polynesië bedroeg in de jaren 2000 US$4,0 miljard per jaar, en was vergelijkbaar met Macau (US$4,1 miljard). Het aandeel in de wereld was 0,015%, en 0,85% in Oceanië.

Het aandeel van de huishoudelijke uitgaven in het BBP van Polynesië was 64,5% in de jaren 2000, en was vergelijkbaar met Djibouti (64,5%), Kaapverdië (64,4%), Portugal (64,3%).

De huishoudelijke uitgaven per hoofd in Polynesië was $7.153,1 in de jaren 2000s. De huishoudelijke uitgaven per hoofd in Polynesië was 70,0% hoger dan de huishoudelijke uitgaven per hoofd van de bevolking in de wereld ($4.208,2), en was 49,8% lager dan de huishoudelijke uitgaven per hoofd van de bevolking in Oceanië ($4.208,2).

De groei van de huishoudelijke uitgaven in Polynesië bedroeg 3.4% in de jaren 2000, en was vergelijkbaar met Noorwegen (3,4%), Cuba (3,4%). De groei van de huishoudelijke uitgaven in Polynesië (3,4%) was groter dan de groei van de huishoudelijke uitgaven in de wereld (3,0%), was minder dan de groei van de huishoudelijke uitgaven in Oceanië (3,6%).

Vergelijking met subregio's. De huishoudelijke uitgaven van Polynesië was groter dan in Micronesië (US$526,9 miljoen); maar minder dan in Australazië (US$460,2 miljard) en in Melanesië (US$10,0 miljard). De huishoudelijke uitgaven per hoofd in Polynesië was in Polynesië groter dan in Micronesië (US$1.873,3) en in Melanesië (US$1.218,5); maar minder dan in Australazië (US$19,0 duizend). De groei van de huishoudelijke uitgaven in Polynesië was groter dan in Melanesië (2,3%) en in Micronesië (-1,1%); maar minder dan in Australazië (3,7%).

Leiders. De huishoudelijke uitgaven van Polynesië in de jaren 2000 bestond uit: Frans-Polynesië (81,6%), Samoa (9,9%), Tonga (6,1%), Cookeilanden (1,9%), Tuvalu (0,52%). Het aandeel van de huishoudelijke uitgaven in BBP van de leiders: Tuvalu (99,1%), Tonga (98,7%), Samoa (91,5%), Frans-Polynesië (61,3%) en Cookeilanden (43,1%). De huishoudelijke uitgaven per hoofd in Polynesië onder de leiders: Frans-Polynesië ($12.893,0), Cookeilanden ($4.070,0), Tonga ($2.446,5), Samoa ($2.217,5) en Tuvalu ($2.110,9). De groei van de huishoudelijke uitgaven onder de leiders: Tuvalu (21,9%), Samoa (4,0%), Frans-Polynesië (3,7%), Tonga (0,62%) en Cookeilanden (-0,74%).

de jaren 2010

De huishoudelijke uitgaven van Polynesië bedroeg in de jaren 2010 US$5,2 miljard per jaar, en was vergelijkbaar met Equatoriaal-Guinea (US$5,3 miljard). Het aandeel in de wereld was 0,012%, en 0,55% in Oceanië.

Het aandeel van de huishoudelijke uitgaven in het BBP van Polynesië was 69,6% in de jaren 2010, en was vergelijkbaar met Noord-Macedonië (69,5%), Palau (69,5%), Niger (69,5%).

De huishoudelijke uitgaven per hoofd in Polynesië was $8.728,3 in de jaren 2010s, en was vergelijkbaar met Venezuela (US$8,8 duizend), Letland (US$8,9 duizend). De huishoudelijke uitgaven per hoofd in Polynesië was 45,0% hoger dan de huishoudelijke uitgaven per hoofd van de bevolking in de wereld ($6.018,5), en was in 2,8 keer lager dan de huishoudelijke uitgaven per hoofd van de bevolking in Oceanië ($6.018,5).

De groei van de huishoudelijke uitgaven in Polynesië bedroeg 1.2% in de jaren 2010, en was vergelijkbaar met Antigua en Barbuda (1,2%). De groei van de huishoudelijke uitgaven in Polynesië (1,2%) was minder dan de groei van de huishoudelijke uitgaven in de wereld (2,8%), was minder dan de groei van de huishoudelijke uitgaven in Oceanië (2,3%).

Vergelijking met subregio's. De huishoudelijke uitgaven van Polynesië was 6,1 keer groter dan in Micronesië (US$847,5 miljoen); maar 176,0 keer minder dan in Australazië (US$915,5 miljard) en 4,4 keer minder dan in Melanesië (US$22,9 miljard). De huishoudelijke uitgaven per hoofd in Polynesië was in Polynesië3,1 keer groter dan in Micronesië (US$2,8 duizend) en 3,8 keer groter dan in Melanesië (US$2,3 duizend); maar 3,7 keer minder dan in Australazië (US$32,3 duizend). De groei van de huishoudelijke uitgaven in Polynesië was minder dan in Melanesië (7,2%), in Micronesië (2,2%) en in Australazië (2,2%).

Leiders. De huishoudelijke uitgaven van Polynesië in de jaren 2010 bestond uit: Frans-Polynesië (74,8%), Samoa (14,1%), Tonga (8,2%), Cookeilanden (2,0%), Tuvalu (0,85%). Het aandeel van de huishoudelijke uitgaven in BBP van de leiders: Tuvalu (113,2%), Tonga (96,3%), Samoa (93,5%), Frans-Polynesië (66,1%) en Cookeilanden (33,9%). De huishoudelijke uitgaven per hoofd in Polynesië onder de leiders: Frans-Polynesië ($14.278,0), Cookeilanden ($5.951,1), Tonga ($4.153,1), Tuvalu ($4.014,8) en Samoa ($3.824,4). De groei van de huishoudelijke uitgaven onder de leiders: Cookeilanden (3,5%), Tonga (2,8%), Samoa (1,6%), Tuvalu (1,3%) en Frans-Polynesië (0,92%).

Hoofdstuk XIV. Voedsel consumptie

Tijdens de onderzoeksperiode groeide de voedselconsumptie in noten (in 21,3 keer), eieren (in 2,6 keer), vlees (in 2,4 keer), stimulerende middelen (in 2,3 keer), melk (in 2,1 keer), plantaardige oliën (in 2,1 keer), specerijen (in 2,1 keer), vis (met 38,2%), peulvruchten (met 25,2%), groenten (met 16,6%), alcoholische dranken (met 12,7%), granen (met 10,3%), maar daalde in suiker (met 8,6%), fruit (met 26,2%), zetmeelrijke wortels (met 71,3%).

Dit zijn de correlatiecoëfficiënten tussen het bni per hoofd van de bevolking in constante prijzen en de voedselconsumptie: vlees (0.994), melk (0.978), vis (0.975), noten (0.95), specerijen (0.948), eieren (0.936), plantaardige oliën (0.914), stimulerende middelen (0.898), alcoholische dranken (0.84), granen (0.757), groenten (0.682), peulvruchten (0.329), fruit (-0.663), suiker (-0.793), zetmeelrijke wortels (-0.842).

de jaren 1970

De consumptie van kcal in Polynesië was 2.573,5 kcal/hoofd/dag in the 1970s, and was on a par with Vanuatu (2.574,1 kcal/hoofd/dag). De consumptie van kcal in Polynesië was groter dan in de wereld (2.403,2 kcal/hoofd/dag), en was minder dan in Oceanië (3.054,0 kcal/hoofd/dag). De structuur van de consumptie: granen (24.3%), zetmeelrijke wortels (13.5%), suiker (10.7%), vlees (9.8%), fruit (7.1%), en anderen (34.6%).

De consumptie van eiwitten in Polynesië was 63,7 g/hoofd/dag in the 1970s, and was on a par with Egypte (63,8 g/hoofd/dag), Macau (64,2 g/hoofd/dag), Zuid-Amerika (64,3 g/hoofd/dag). De consumptie van eiwitten in Polynesië was minder dan in de wereld (65,0 g/hoofd/dag), en was minder dan in Oceanië (103,8 g/hoofd/dag). De structuur van de consumptie: granen (25.6%), vlees (25.1%), vis (15.3%), zetmeelrijke wortels (10.7%), melk (5.3%), en anderen (18%).

De consumptie van vet in Polynesië was 91,8 g/hoofd/dag in the 1970s. De consumptie van vet in Polynesië was groter dan in de wereld (55,1 g/hoofd/dag), en was minder dan in Oceanië (112,0 g/hoofd/dag). De structuur van de consumptie: vlees (22.2%), plantaardige oliën (17%), melk (4.1%), vis (3.6%), granen (3.1%), en anderen (50%).

Dit zijn niveaus van voedselconsumptie: fruit (163,4 kg/hoofd/jr), zetmeelrijke wortels (155,2 kg/hoofd/jr), granen (81,8 kg/hoofd/jr), alcoholische dranken (42,7 kg/hoofd/jr), vlees (42,0 kg/hoofd/jr), melk (34,7 kg/hoofd/jr), groenten (34,5 kg/hoofd/jr), vis (33,6 kg/hoofd/jr), suiker (29,3 kg/hoofd/jr), plantaardige oliën (5,7 kg/hoofd/jr), stimulerende middelen (2,7 kg/hoofd/jr), eieren (2,6 kg/hoofd/jr), peulvruchten (1,4 kg/hoofd/jr), specerijen (0,25 kg/hoofd/jr), noten (0,052 kg/hoofd/jr).

de jaren 1980

De consumptie van kcal in Polynesië was 2.662,1 kcal/hoofd/dag in the 1980s, and was on a par with Uruguay (2.665,2 kcal/hoofd/dag), Brazilië (2.656,4 kcal/hoofd/dag), Cyprus (2.668,6 kcal/hoofd/dag). De consumptie van kcal in Polynesië was groter dan in de wereld (2.572,3 kcal/hoofd/dag), en was minder dan in Oceanië (3.045,2 kcal/hoofd/dag). De structuur van de consumptie: granen (25.8%), vlees (13.1%), zetmeelrijke wortels (11.5%), suiker (9.6%), fruit (5.7%), en anderen (34.3%).

De consumptie van eiwitten in Polynesië was 71,8 g/hoofd/dag in the 1980s, and was on a par with Gabon (72,5 g/hoofd/dag), Noord-Korea (72,5 g/hoofd/dag). De consumptie van eiwitten in Polynesië was groter dan in de wereld (69,1 g/hoofd/dag), en was minder dan in Oceanië (101,6 g/hoofd/dag). De structuur van de consumptie: vlees (27.9%), granen (24.1%), vis (16.4%), zetmeelrijke wortels (8.6%), melk (5.7%), en anderen (17.3%).

De consumptie van vet in Polynesië was 99,6 g/hoofd/dag in the 1980s, and was on a par with de Sovjet-Unie (99,9 g/hoofd/dag), Kiribati (100,4 g/hoofd/dag), Micronesië (100,4 g/hoofd/dag). De consumptie van vet in Polynesië was groter dan in de wereld (63,2 g/hoofd/dag), en was minder dan in Oceanië (116,3 g/hoofd/dag). De structuur van de consumptie: vlees (29.3%), plantaardige oliën (15.9%), melk (4.5%), vis (3.7%), granen (3%), en anderen (43.6%).

Dit zijn niveaus van voedselconsumptie: zetmeelrijke wortels (136,4 kg/hoofd/jr), fruit (133,2 kg/hoofd/jr), granen (87,0 kg/hoofd/jr), vlees (57,3 kg/hoofd/jr), alcoholische dranken (43,7 kg/hoofd/jr), melk (42,2 kg/hoofd/jr), groenten (41,6 kg/hoofd/jr), vis (37,9 kg/hoofd/jr), suiker (26,9 kg/hoofd/jr), plantaardige oliën (5,8 kg/hoofd/jr), eieren (3,4 kg/hoofd/jr), stimulerende middelen (3,2 kg/hoofd/jr), peulvruchten (2,1 kg/hoofd/jr), specerijen (0,27 kg/hoofd/jr), noten (0,12 kg/hoofd/jr).

de jaren 1990

De consumptie van kcal in Polynesië was 2.681,8 kcal/hoofd/dag in the 1990s, and was on a par with Jamaica (2.680,1 kcal/hoofd/dag),

Macau (2.670,7 kcal/hoofd/dag), Colombia (2.695,3 kcal/hoofd/dag). De consumptie van kcal in Polynesië was groter dan in de wereld (2.652,6 kcal/hoofd/dag), en was minder dan in Oceanië (3.065,5 kcal/hoofd/dag). De structuur van de consumptie: granen (29.3%), vlees (15.6%), suiker (9.3%), plantaardige oliën (6.5%), zetmeelrijke wortels (5.7%), en anderen (33.6%).

De consumptie van eiwitten in Polynesië was 81,0 g/hoofd/dag in the 1990s, and was on a par with Kirgizië (81,0 g/hoofd/dag), Noord-Afrika (80,9 g/hoofd/dag), Iran (81,0 g/hoofd/dag). De consumptie van eiwitten in Polynesië was groter dan in de wereld (72,1 g/hoofd/dag), en was minder dan in Oceanië (100,9 g/hoofd/dag). De structuur van de consumptie: vlees (34.7%), granen (22.7%), vis (16.6%), melk (6.9%), zetmeelrijke wortels (3.4%), en anderen (15.7%).

De consumptie van vet in Polynesië was 108,5 g/hoofd/dag in the 1990s, and was on a par with Cyprus (108,9 g/hoofd/dag), Nieuw-Caledonië (107,7 g/hoofd/dag). De consumptie van vet in Polynesië was groter dan in de wereld (69,0 g/hoofd/dag), en was minder dan in Oceanië (124,1 g/hoofd/dag). De structuur van de consumptie: vlees (30.5%), plantaardige oliën (18.3%), melk (5%), vis (4%), granen (3.8%), en anderen (38.4%).

Dit zijn niveaus van voedselconsumptie: fruit (97,4 kg/hoofd/jr), granen (92,8 kg/hoofd/jr), vlees (79,9 kg/hoofd/jr), zetmeelrijke wortels (69,1 kg/hoofd/jr), melk (61,2 kg/hoofd/jr), vis (44,6 kg/hoofd/jr), alcoholische dranken (43,2 kg/hoofd/jr), groenten (37,9 kg/hoofd/jr), suiker (27,1 kg/hoofd/jr), plantaardige oliën (7,3 kg/hoofd/jr), stimulerende middelen (4,0 kg/hoofd/jr), eieren (3,8 kg/hoofd/jr), peulvruchten (1,8 kg/hoofd/jr), noten (0,55 kg/hoofd/jr), specerijen (0,36 kg/hoofd/jr).

de jaren 2000

De consumptie van kcal in Polynesië was 2.872,1 kcal/hoofd/dag in the 2000s, and was on a par with Oost-Azië (2.872,2 kcal/hoofd/dag), Zuid-Amerika (2.869,0 kcal/hoofd/dag), China (2.879,8 kcal/hoofd/dag). De consumptie van kcal in Polynesië was groter dan in de wereld (2.765,9 kcal/hoofd/dag), en was minder dan in Oceanië (3.090,9 kcal/hoofd/dag). De structuur van de consumptie: granen (25.9%), vlees (16%), plantaardige oliën (8.7%), suiker (8%), zetmeelrijke wortels (6.5%), en anderen (34.9%).

De consumptie van eiwitten in Polynesië was 89,4 g/hoofd/dag in the 2000s, and was on a par with Zuid-Korea (89,4 g/hoofd/dag), Dominica (89,4 g/hoofd/dag), Wit-Rusland (88,9 g/hoofd/dag). De consumptie van eiwitten in Polynesië was groter dan in de wereld (76,5 g/hoofd/dag), en was minder dan in Oceanië (100,0 g/hoofd/dag). De structuur van de consumptie: vlees (37%), granen (19.3%), vis (15.5%), melk (6.8%), zetmeelrijke wortels (4%), en anderen (17.4%).

De consumptie van vet in Polynesië was 125,1 g/hoofd/dag in the 2000s, and was on a par with Tsjechië (125,2 g/hoofd/dag), Zweden (124,3 g/hoofd/dag), Europa (123,9 g/hoofd/dag). De consumptie van vet in Polynesië was groter dan in de wereld (76,9 g/hoofd/dag), en was minder dan in Oceanië (130,3 g/hoofd/dag). De structuur van de consumptie: vlees (28.3%), plantaardige oliën (22.6%), melk (4.8%), granen (4.5%), vis (3.7%), en anderen (36.1%).

Dit zijn niveaus van voedselconsumptie: fruit (119,1 kg/hoofd/jr), vlees (93,1 kg/hoofd/jr), zetmeelrijke wortels (88,7 kg/hoofd/jr), granen (88,4 kg/hoofd/jr), melk (66,0 kg/hoofd/jr), alcoholische dranken (50,1 kg/hoofd/jr), vis (49,1 kg/hoofd/jr), groenten (42,1 kg/hoofd/jr), suiker (26,8 kg/hoofd/jr), plantaardige oliën (10,4 kg/hoofd/jr), stimulerende middelen (7,8 kg/hoofd/jr), eieren (5,7 kg/hoofd/jr), peulvruchten (1,8 kg/hoofd/jr), noten (0,83 kg/hoofd/jr), specerijen (0,47 kg/hoofd/jr).

de jaren 2010

De consumptie van kcal in Polynesië was 2.930,0 kcal/hoofd/dag in the 2010s, and was on a par with Frans-Polynesië (2.930,5 kcal/hoofd/dag), Samoa (2.929,0 kcal/hoofd/dag), Fiji (2.927,8 kcal/hoofd/dag). De consumptie van kcal in Polynesië was groter dan in de wereld (2.869,3 kcal/hoofd/dag), en was minder dan in Oceanië (3.193,3 kcal/hoofd/dag). De structuur van de consumptie: granen (25.6%), vlees (16%), plantaardige oliën (9.7%), suiker (7.6%), zetmeelrijke wortels (6.4%), en anderen (34.7%).

De consumptie van eiwitten in Polynesië was 92,0 g/hoofd/dag in the 2010s, and was on a par with Amerika (92,7 g/hoofd/dag), Azerbeidzjan (91,3 g/hoofd/dag), Turkmenistan (91,2 g/hoofd/dag). De consumptie van eiwitten in Polynesië was groter dan in de wereld (80,6 g/hoofd/dag), en was minder dan in Oceanië (100,9 g/hoofd/dag). De structuur van de consumptie: vlees (38.1%), granen (19%), vis (14.1%), melk (7.3%), zetmeelrijke wortels (4%), en anderen (17.5%).

De consumptie van vet in Polynesië was 131,0 g/hoofd/dag in the 2010s, and was on a par with Zweden (131,7 g/hoofd/dag), Wit-Rusland (129,7 g/hoofd/dag). De consumptie van vet in Polynesië was groter dan in de wereld (82,4 g/hoofd/dag), en was minder dan in Oceanië (140,2 g/hoofd/dag). De structuur van de consumptie: vlees (27.1%), plantaardige oliën (24.5%), granen (5.1%), melk (4.9%), vis (3.3%), en anderen (35.1%).

Dit zijn niveaus van voedselconsumptie: fruit (129,4 kg/hoofd/jr), vlees (99,8 kg/hoofd/jr), zetmeelrijke wortels (90,6 kg/hoofd/jr), granen (90,2 kg/hoofd/jr), melk (71,8 kg/hoofd/jr), alcoholische dranken (48,2 kg/hoofd/jr), vis (46,4 kg/hoofd/jr), groenten (40,2 kg/hoofd/jr), suiker (27,0 kg/hoofd/jr), plantaardige oliën (11,7 kg/hoofd/jr), eieren (6,7 kg/hoofd/jr), stimulerende middelen (6,3 kg/hoofd/jr), peulvruchten (1,7 kg/hoofd/jr), noten (1,1 kg/hoofd/jr), specerijen (0,52 kg/hoofd/jr).

Part V. Reproductie

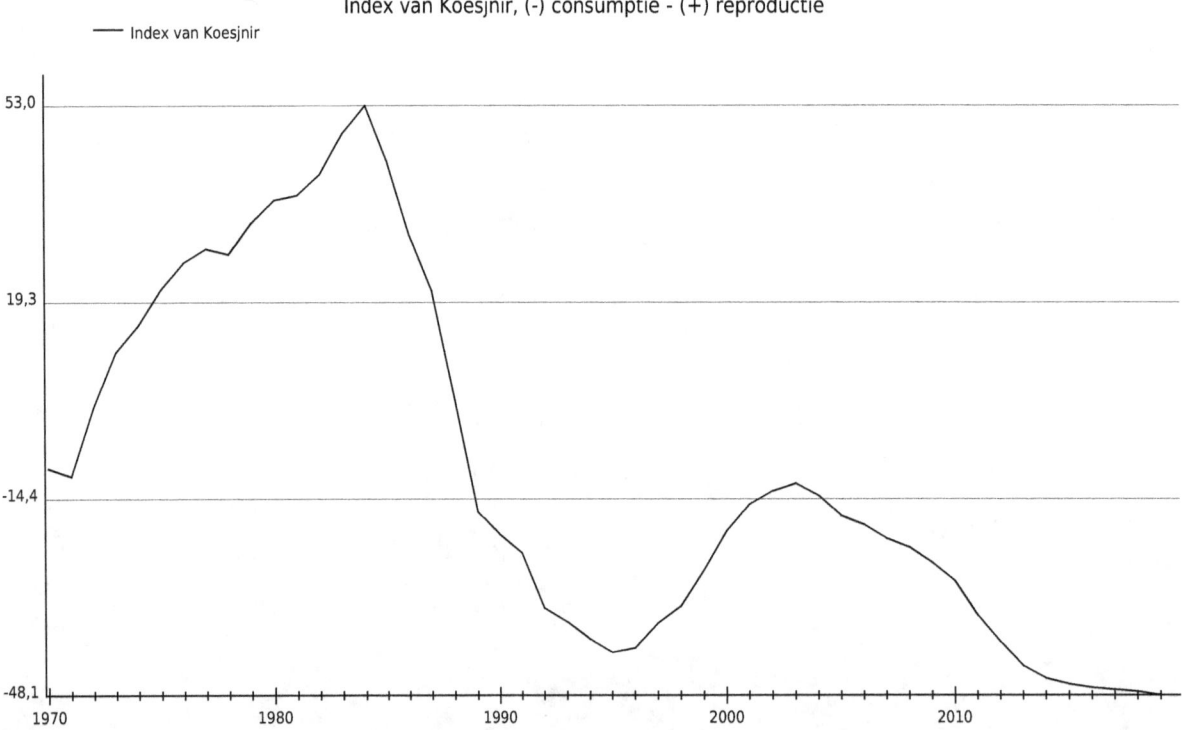

Index van Koesjnir, (-) consumptie - (+) reproductie

Hoofdstuk XV. Bruto-investeringen in vaste activa

De bruto-investeringen in vaste activa van Polynesië steeg van US$268,7 miljoen per jaar in de jaren 1970 tot US$1,4 miljard per jaar in de jaren 2010, dat wil zeggen met US$1,1 miljard of 5,1 keer. De verandering vond plaats op US$956,0 miljoen als gevolg van een 3,3-voudige stijging van de prijzen, en ook op US$8,2 miljoen als gevolg van een 1,0-voudige toename van het tarief per hoofd , evenals op US$137,9 miljoen als gevolg van de toename van de bevolking. De gemiddelde jaarlijkse groei van de investeringen in vaste activa is 1,7%. De minimumwaarde van de investeringen in vaste activa bedroeg US$99,3 miljoen in 1970. De maximumwaarde van de investeringen in vaste activa bedroeg US$1,8 miljard in 2008.

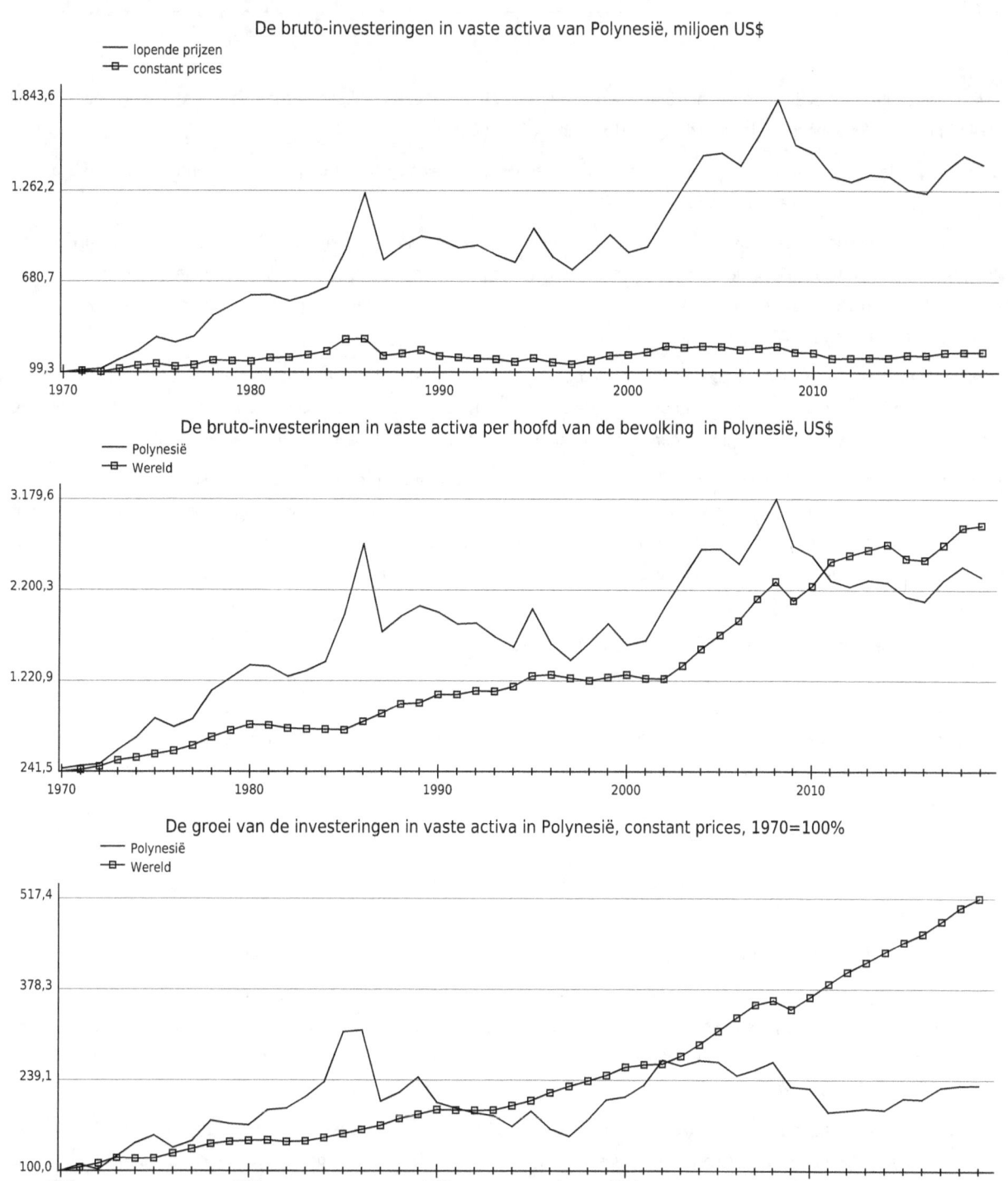

De bruto-investeringen in vaste activa van Polynesië, miljoen US$

De bruto-investeringen in vaste activa per hoofd van de bevolking in Polynesië, US$

De groei van de investeringen in vaste activa in Polynesië, constant prices, 1970=100%

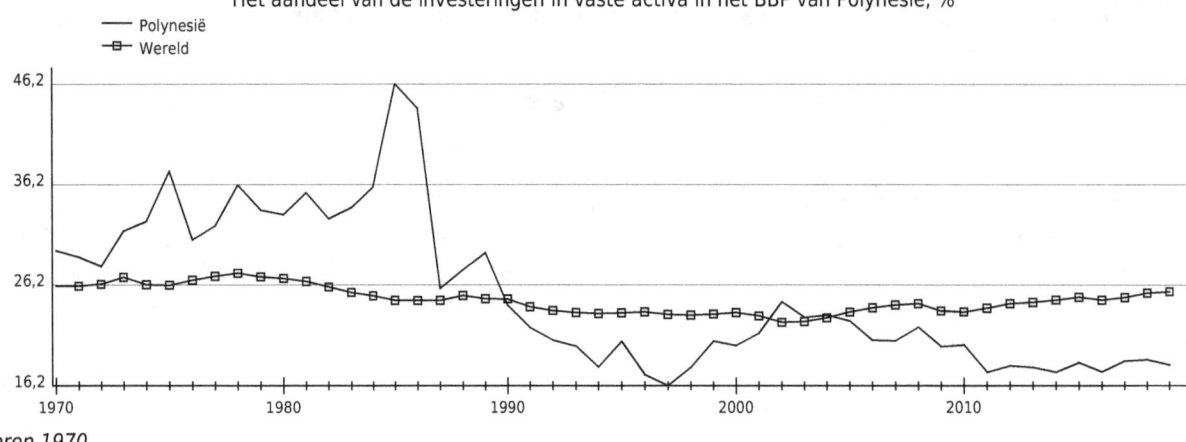

Het aandeel van de investeringen in vaste activa in het BBP van Polynesië, %

de jaren 1970

De investeringen in vaste activa van Polynesië bedroeg in de jaren 1970 US$268,7 miljoen per jaar, en was vergelijkbaar met Malawi (US$274,9 miljoen). Het aandeel in de wereld was 0,015%, en 0,88% in Oceanië.

Het aandeel van de investeringen in vaste activa in het BBP van Polynesië was 33,0% in de jaren 1970, en was vergelijkbaar met de Sovjet-Unie (33,0%), de Comoren (33,2%), Bhutan (33,2%).

De bruto-investeringen in vaste activa per hoofd in Polynesië was $682,2 in de jaren 1970s, en was vergelijkbaar met Oman (US$677,4), West-Afrika (US$687,4). De investeringen in vaste activa per hoofd in Polynesië was 57,4% hoger dan de investeringen in vaste activa per hoofd van de bevolking in de wereld ($433,5), en was in 2,1 keer lager dan de investeringen in vaste activa per hoofd van de bevolking in Oceanië ($433,5).

De groei van de investeringen in vaste activa in Polynesië bedroeg 6.3% in de jaren 1970, en was vergelijkbaar met Azië (6,2%), Liberia (6,2%), Peru (6,3%). De groei van de investeringen in vaste activa in Polynesië (6,3%) was groter dan de groei van de investeringen in vaste activa in de wereld (4,2%), was groter dan de groei van de investeringen in vaste activa in Oceanië (2,6%).

Vergelijking met subregio's. De investeringen in vaste activa van Polynesië was groter dan in Micronesië (US$26,9 miljoen); maar minder dan in Australazië (US$29,6 miljard) en in Melanesië (US$793,4 miljoen). De bruto-investeringen in vaste activa per hoofd in Polynesië was in Polynesië groter dan in Melanesië (US$193,5) en in Micronesië (US$164,8); maar minder dan in Australazië (US$1.773,9). De groei van de investeringen in vaste activa in Polynesië was groter dan in Australazië (2,8%) en in Melanesië (-4,0%); maar minder dan in Micronesië (8,3%).

Leiders. De investeringen in vaste activa van Polynesië in de jaren 1970 bestond uit: Frans-Polynesië (88,5%), Samoa (5,7%), Tonga (3,2%), Cookeilanden (1,7%), Tuvalu (0,98%). Het aandeel van de investeringen in vaste activa in BBP van de leiders: Tuvalu (74,8%), Frans-Polynesië (35,0%), Cookeilanden (27,3%), Tonga (22,6%) en Samoa (19,7%). De investeringen in vaste activa per hoofd in Polynesië onder de leiders: Frans-Polynesië ($1.839,4), Tuvalu ($422,0), Cookeilanden ($226,6), Samoa ($101,3) en Tonga ($97,1). De groei van de investeringen in vaste activa onder de leiders: Cookeilanden (6,8%), Frans-Polynesië (6,7%), Tonga (5,5%), Samoa (3,6%) en Tuvalu (-1,7%).

de jaren 1980

De investeringen in vaste activa van Polynesië bedroeg in de jaren 1980 US$780,3 miljoen per jaar, en was vergelijkbaar met Panama (US$778,6 miljoen), Mauritanië (US$773,8 miljoen). Het aandeel in de wereld was 0,020%, en 1,1% in Oceanië.

Het aandeel van de investeringen in vaste activa in het BBP van Polynesië was 33,7% in de jaren 1980.

De bruto-investeringen in vaste activa per hoofd in Polynesië was $1.720,5 in de jaren 1980s, en was vergelijkbaar met Europa (US$1.748,4), Libië (US$1.684,5). De investeringen in vaste activa per hoofd in Polynesië was in 2,2 keer hoger dan de investeringen in vaste activa per hoofd van de bevolking in de wereld ($790,9), en was 39,1% lager dan de investeringen in vaste activa per hoofd van de bevolking in Oceanië ($790,9).

De groei van de investeringen in vaste activa in Polynesië bedroeg 3.5% in de jaren 1980, en was vergelijkbaar met Senegal (3,5%), Zimbabwe (3,5%). De groei van de investeringen in vaste activa in Polynesië (3,5%) was groter dan de groei van de investeringen in vaste activa in de wereld (2,5%), was minder dan de groei van de investeringen in vaste activa in Oceanië (4,9%).

Vergelijking met subregio's. De bruto-investeringen in vaste activa van Polynesië was groter dan in Micronesië (US$84,4 miljoen); maar minder dan in Australazië (US$67,6 miljard) en in Melanesië (US$1,6 miljard). De investeringen in vaste activa per hoofd in Polynesië was in Polynesië groter dan in Micronesië (US$406,5) en in Melanesië (US$295,1); maar minder dan in Australazië (US$3,6 duizend). De groei van de investeringen in vaste activa in Polynesië was groter dan in Melanesië (1,5%); maar minder dan in Australazië (5,0%) en in Micronesië (4,1%).

Leiders. De investeringen in vaste activa van Polynesië in de jaren 1980 bestond uit: Frans-Polynesië (93,0%), Samoa (2,8%), Tonga (2,7%), Cookeilanden (0,99%), Tuvalu (0,47%). Het aandeel van de investeringen in vaste activa in BBP van de leiders: Tuvalu (73,8%), Frans-Polynesië (35,0%), Tonga (21,7%), Samoa (20,9%) en Cookeilanden (19,6%). De bruto-investeringen in vaste activa per hoofd in Polynesië onder de leiders: Frans-Polynesië ($4.155,4), Tuvalu ($450,4), Cookeilanden ($438,8), Tonga ($226,1) en Samoa ($138,7). De groei van de investeringen in vaste activa onder de leiders: Tuvalu (3,9%), Frans-Polynesië (3,7%), Tonga (2,6%), Cookeilanden (2,6%) en Samoa (1,6%).

de jaren 1990

De investeringen in vaste activa van Polynesië bedroeg in de jaren 1990 US$886,6 miljoen per jaar, en was vergelijkbaar met Congo-Kinshasa (US$883,1 miljoen), Kosovo (US$878,0 miljoen). Het aandeel in de wereld was 0,013%, en 0,83% in Oceanië.

Het aandeel van de investeringen in vaste activa in het BBP van Polynesië was 19,7% in de jaren 1990, en was vergelijkbaar met Roemenië (19,7%), Groenland (19,7%), Tonga (19,7%).

De investeringen in vaste activa per hoofd in Polynesië was $1.739,3 in de jaren 1990s. De bruto-investeringen in vaste activa per hoofd in Polynesië was 46,9% hoger dan de investeringen in vaste activa per hoofd van de bevolking in de wereld ($1.183,8), en was in 2,1 keer lager dan de investeringen in vaste activa per hoofd van de bevolking in Oceanië ($1.183,8).

De groei van de investeringen in vaste activa in Polynesië bedroeg -1.5% in de jaren 1990. De groei van de investeringen in vaste activa in Polynesië (-1,5%) was minder dan de groei van de investeringen in vaste activa in de wereld (2,8%), was minder dan de groei van de investeringen in vaste activa in Oceanië (3,9%).

Vergelijking met subregio's. De bruto-investeringen in vaste activa van Polynesië was groter dan in Micronesië (US$138,8 miljoen); maar minder dan in Australazië (US$103,3 miljard) en in Melanesië (US$2,3 miljard). De investeringen in vaste activa per hoofd in Polynesië was in Polynesië groter dan in Micronesië (US$535,8) en in Melanesië (US$352,6); maar minder dan in Australazië (US$4,8 duizend). De groei van de investeringen in vaste activa in Polynesië was groter dan in Micronesië (-1,6%); maar minder dan in Australazië (4,0%) en in Melanesië (2,2%).

Leiders. De bruto-investeringen in vaste activa van Polynesië in de jaren 1990 bestond uit: Frans-Polynesië (89,4%), Tonga (4,4%), Samoa (3,7%), Cookeilanden (1,6%), Tuvalu (0,84%). Het aandeel van de investeringen in vaste activa in BBP van de leiders: Tuvalu (64,2%), Frans-Polynesië (19,7%), Tonga (19,7%), Samoa (18,2%) en Cookeilanden (14,9%). De investeringen in vaste activa per hoofd in Polynesië onder de leiders: Frans-Polynesië ($3.652,0), Tuvalu ($807,3), Cookeilanden ($774,7), Tonga ($405,0) en Samoa ($195,9). De groei van de investeringen in vaste activa onder de leiders: Tonga (3,8%), Tuvalu (0,89%), Frans-Polynesië (-1,6%), Cookeilanden (-3,2%) en Samoa (-3,7%).

de jaren 2000

De bruto-investeringen in vaste activa van Polynesië bedroeg in de jaren 2000 US$1,4 miljard per jaar, en was vergelijkbaar met Tsjaad (US$1,4 miljard), Namibië (US$1,4 miljard). Het aandeel in de wereld was 0,012%, en 0,62% in Oceanië.

Het aandeel van de investeringen in vaste activa in het BBP van Polynesië was 21,8% in de jaren 2000, en was vergelijkbaar met Rusland (21,8%), Europa (21,7%), Canada (21,8%).

De bruto-investeringen in vaste activa per hoofd in Polynesië was $2.413,3 in de jaren 2000s, en was vergelijkbaar met Letland (US$2,4 duizend), Hongarije (US$2,4 duizend). De bruto-investeringen in vaste activa per hoofd in Polynesië was 42,7% hoger dan de investeringen in vaste activa per hoofd van de bevolking in de wereld ($1.690,7), en was in 2,7 keer lager dan de investeringen in vaste activa per hoofd van de bevolking in Oceanië ($1.690,7).

De groei van de investeringen in vaste activa in Polynesië bedroeg 0.9% in de jaren 2000, en was vergelijkbaar met Malta (0,90%). De groei van de investeringen in vaste activa in Polynesië (0,90%) was minder dan de groei van de investeringen in vaste activa in de wereld (3,5%), was minder dan de groei van de investeringen in vaste activa in Oceanië (5,0%).

Vergelijking met subregio's. De bruto-investeringen in vaste activa van Polynesië was groter dan in Micronesië (US$237,7 miljoen); maar minder dan in Australazië (US$214,3 miljard) en in Melanesië (US$3,9 miljard). De bruto-investeringen in vaste activa per hoofd in Polynesië was in Polynesië groter dan in Micronesië (US$845,2) en in Melanesië (US$474,4); maar minder dan in Australazië (US$8,8 duizend). De groei van de investeringen in vaste activa in Polynesië was minder dan in Melanesië (8,4%), in Australazië (4,9%) en in Micronesië (3,3%).

Leiders. De investeringen in vaste activa van Polynesië in de jaren 2000 bestond uit: Frans-Polynesië (90,6%), Tonga (4,0%), Samoa (3,4%), Cookeilanden (1,8%), Tuvalu (0,20%). Het aandeel van de investeringen in vaste activa in BBP van de leiders: Frans-Polynesië (23,0%), Tonga (22,0%), Cookeilanden (14,0%), Tuvalu (12,7%) en Samoa (10,5%). De bruto-investeringen in vaste activa per hoofd in Polynesië onder de leiders: Frans-Polynesië ($4.827,0), Cookeilanden ($1.325,1), Tonga ($545,6), Tuvalu ($270,9) en Samoa ($254,8). De groei van de investeringen in vaste activa onder de leiders: Tonga (1,9%), Frans-Polynesië (1,0%), Samoa (-0,72%), Cookeilanden (-0,74%) en Tuvalu (-8,4%).

de jaren 2010

De bruto-investeringen in vaste activa van Polynesië bedroeg in de jaren 2010 US$1,4 miljard per jaar, en was vergelijkbaar met de Maldiven (US$1,4 miljard). Het aandeel in de wereld was 0,0071%, en 0,33% in Oceanië.

Het aandeel van de investeringen in vaste activa in het BBP van Polynesië was 18,3% in de jaren 2010, en was vergelijkbaar met Luxemburg (18,3%), Servië (18,3%), Brazilië (18,4%).

De investeringen in vaste activa per hoofd in Polynesië was $2.299,6 in de jaren 2010s, en was vergelijkbaar met Saint Lucia (US$2,3 duizend), Gabon (US$2,3 duizend), Oost-Europa (US$2,4 duizend). De investeringen in vaste activa per hoofd in Polynesië was 12,3% lager dan de investeringen in vaste activa per hoofd van de bevolking in de wereld ($2.621,1), en was in 4,6 keer lager dan de investeringen in vaste activa per hoofd van de bevolking in Oceanië ($2.621,1).

De groei van de investeringen in vaste activa in Polynesië bedroeg 0.1% in de jaren 2010. De groei van de investeringen in vaste activa in Polynesië (0,091%) was minder dan de groei van de investeringen in vaste activa in de wereld (4,1%), was minder dan de groei van de investeringen in vaste activa in Oceanië (1,3%).

Vergelijking met subregio's. De bruto-investeringen in vaste activa van Polynesië was 4,0 keer groter dan in Micronesië (US$339,3 miljoen); maar 294,8 keer minder dan in Australazië (US$404,2 miljard) en 5,8 keer minder dan in Melanesië (US$8,0 miljard). De bruto-investeringen in vaste activa per hoofd in Polynesië was in Polynesië2,1 keer groter dan in Micronesië (US$1.116,5) en 2,9 keer groter dan in Melanesië (US$798,7); maar 6,2 keer minder dan in Australazië (US$14,3 duizend). De groei van de investeringen in vaste activa in Polynesië was groter dan in Melanesië (-0,68%); maar minder dan in Micronesië (2,3%) en in Australazië (1,3%).

Leiders. De investeringen in vaste activa van Polynesië in de jaren 2010 bestond uit: Frans-Polynesië (83,5%), Tonga (8,3%), Samoa (5,2%), Cookeilanden (2,5%), Tuvalu (0,50%). Het aandeel van de investeringen in vaste activa in BBP van de leiders: Tonga (25,8%), Frans-Polynesië (19,4%), Tuvalu (17,6%), Cookeilanden (11,0%) en Samoa (9,0%). De investeringen in vaste activa per hoofd in Polynesië onder de leiders: Frans-Polynesië ($4.198,6), Cookeilanden ($1.937,5), Tonga ($1.113,7), Tuvalu ($623,0) en Samoa ($368,5). De groei van de investeringen in vaste activa onder de leiders: Tuvalu (10,3%), Cookeilanden (3,5%), Samoa (1,2%), Tonga (1,0%) en Frans-Polynesië (-0,22%).